Elizabeth von Arnim
Elizabeth und ihr Garten

Roman

Neu und zum ersten Mal vollständig übersetzt
sowie mit einem Nachwort versehen
von Sofia Blind

Schöffling & Co.

Erste Auflage 2024
© der deutschen Ausgabe
Schöffling & Co. Verlagsbuchhandlung GmbH,
Frankfurt am Main 2024
Originaltitel: *Elizabeth and her German Garden.*
New Edition with Additions
Originalverlag: New York, London: MacMillan 1900
Alle Rechte vorbehalten
Covermotiv: © Daniel Cacouault.
All Rights Reserved 2023 / Bridgeman Images
Einbandgestaltung: Anja Grimm Gestaltung
Satz: Fotosatz Amann, Memmingen
Druck & Bindung: Pustet, Regensburg
ISBN 978-3-89561-816-1
www.schoeffling.de

Elizabeth und ihr Garten

7. Mai

Ich liebe meinen Garten. Gerade sitze ich dort und schreibe in der Süße des Spätnachmittags, ständig abgelenkt von den Stechmücken und der Pracht der frischgrünen Blätter, die vor einer halben Stunde von einem Schauer kalt geduscht wurden. Zwei Eulen hocken in meiner Nähe und führen ein langes Gespräch, dem ich mit ebenso viel Vergnügen lausche wie jedem Nachtigallenträllern. Herr Eule sagt

,

und sie antwortet von ihrem Baum, ein Stück entfernt:

,

womit sie die Bemerkung ihres Gemahls so schön bekräftigt und vollendet, wie es sich für eine ordentliche deutsche Eulenfrau geziemt. Sie sagen immer und immer wieder das Gleiche, mit so viel Nachdruck, dass ich vermute, es muss sich um irgendwelche Gemeinheiten über mich handeln; aber ich werde mich durch den Sarkasmus von Eulen nicht vertreiben lassen.

Dies ist weniger ein Garten als eine Wildnis. Seit fünfundzwanzig Jahren hat niemand im Haus gewohnt, geschweige denn im Garten, und es ist ein so hübscher alter Ort, dass die Leute, die hier hätten leben können und stattdessen die Schrecken einer Stadtwohnung vorzogen, zu jener Masse augen- und ohrenloser Menschen gehört haben müssen, aus der die Welt hauptsächlich zu bestehen scheint. Nasenlos außerdem, auch wenn das nicht schön klingt; dabei verdankt sich der Großteil meines Frühlingsglücks gerade dem Duft feuchter Erde und junger Blätter.

Ich bin immer glücklich (draußen, wohlgemerkt, denn drinnen gibt es Dienstboten und Möbelstücke), wenn auch auf sehr unterschiedliche Weise, und mein Frühlingsglück hat keinerlei Ähnlichkeit mit meinem Sommer- oder Herbstglück; es ist aber auch nicht intensiver, und letzten Winter gab es Tage, an denen ich aus schierer Freude in meinem froststarren Garten tanzte, ungeachtet meiner Jahre und meiner Kinder. Wenigstens tat ich es hinter einem Busch, mit Rücksicht auf Anstand und Schicklichkeit.

Ringsum gibt es so viele Traubenkirschen, große Bäume mit im Gras schleifenden Zweigen, und sie sind gerade so üppig mit weißen Blüten und zartem Grün bekränzt, dass der Garten aussieht wie ein Hochzeitsfest. Ich habe noch nie solche Massen gesehen; alles schien voll von ihnen zu sein. Selbst am anderen Ufer des kleinen Bachs im Osten, inmitten des Kornfelds dahinter, steht ein riesiges Exemplar, ein Bild voller Grazie und Glanz vor dem kalten Blau des Frühlingshimmels.

Mein Garten ist von Kornfeldern und Wiesen umgeben, und dahinter liegen weite Landstriche aus sandiger Heide und Kiefernwäldern. Wo die Kiefernwälder enden, beginnt wieder die kahle Heide, aber die Wälder sind wunderschön in ihrer luftigen, rosastämmigen Weite, hoch darüber Kronen in sanftestem Graugrün, darunter ein strahlend grüner Heidelbeerteppich, und überall die atemlose Stille; und auch die karge Heide ist wunderschön, denn man kann über sie hinausblicken bis fast in alle Ewigkeit, und wenn man mit Sicht auf die untergehende Sonne über sie hinschreitet, ist es, als ginge man geradewegs in die Gegenwart Gottes.

In der Mitte der Ebene liegt die Oase aus Traubenkirschen und Grün, in der ich meine glücklichen Tage verlebe, und in der Mitte jener Oase liegt das graue Steinhaus mit den vielen Giebeln, in dem ich meine widerwilligen Nächte hinter mich bringe. Das Haus ist sehr alt und wurde immer wieder vergrößert. Vor dem Dreißigjährigen Krieg war es ein Kloster, und die Kapelle mit ihrer Gewölbedecke und dem von frommen Bauernknien abgewetzten Ziegelboden dient jetzt als Eingangshalle. Gustav Adolf zog mehr als einmal mit seinen Schweden vorbei, was akribisch in bis heute erhaltenen Archiven verzeichnet wurde, denn wir liegen an der einstigen Verbindungsstraße zwischen Schweden und dem glücklosen Brandenburg. Der Löwe aus dem Norden war zweifellos ein achtbarer Mensch und handelte ganz und gar nach seinen Überzeugungen, aber er muss die friedfertigen Nonnen, die durchaus ihre eigenen Überzeugungen hatten, auf betrüblichste Weise aus der Fassung gebracht haben, als er sie hinausjagte in die weite, leere

Ebene, wo sie sich einen kärglichen Ersatz für ihr hiesiges Leben der Stille suchen mussten.

Aus fast allen Fenstern des Hauses kann ich über die Ebene hinausschauen, ohne irgendein Hindernis in Form eines Hügels, geradeaus bis zur blauen Linie eines fernen Waldes und im Westen ohne Unterbrechung bis zur sinkenden Sonne – nichts als wogendes grünes Flachland mit einer scharfen Kante vor dem Sonnenuntergang. Die Westfenster mag ich am allerliebsten, und ich habe mir ein Schlafzimmer auf dieser Seite des Hauses ausgesucht, damit nicht einmal die Zeit des Haarebürstens ganz verschwendet wird; die für solche Angelegenheiten zuständige junge Frau hat gelernt, ihre Pflichten an einer im Sessel am offenen Fenster liegenden Herrin zu erfüllen und diese süße, selige Zeit nicht durch Geschwätz zu entweihen. Das Mädchen ist betrübt über meine Gewohnheit, fast ausschließlich im Garten zu leben, und seit sie bei mir ist, sind all ihre Vorstellungen über das Leben, das eine respektable deutsche Dame führen sollte, in traurige Unordnung geraten. Die Leute in der Gegend sind davon überzeugt, ich sei – so freundlich wie möglich ausgedrückt – exzentrisch, denn es hat sich herumgesprochen, dass ich den Tag im Freien mit einem Buch verbringe und dass mich kein menschliches Auge je beim Nähen oder Kochen erblickt hat. Aber warum kochen, wenn man jemanden kochen lassen kann? Und was das Nähen angeht, umsäumen die Dienstmädchen die Betttücher schöner und schneller, als ich es je könnte; außerdem sind alle Formen von Handarbeiten Erfindungen des Satans, die verhindern sollen, dass die Törichten ihr Herz der Weisheit zuwenden.

Wir waren schon fünf Jahre verheiratet, als uns plötzlich der Gedanke kam, diesen Ort zu nutzen, um hierherzuziehen und darin zu leben. Diese fünf Jahre hatten wir in einer Wohnung in einer Stadt verbracht, und über diesen ganzen unendlichen Zeitraum hinweg war ich vollkommen trübselig und vollkommen gesund; das entkräftet eine unschöne Vorstellung, die mich zeitweise beunruhigt hat: dass mein Glück hier weniger mit dem Garten zu tun haben könnte als mit einer guten Verdauung. Und während wir dort unser Leben verschwendeten, gab es hier diesen liebenswerten Ort, mit Löwenzahn bis direkt an die Tür und vom Gras vollkommen überwucherten Wegen, im Winter so einsam, dass niemand außer dem Nordwind von ihm Notiz nahm, und im Mai – in all diesen fünf wunderbaren Maimonaten – voller herrlicher Traubenkirschen und noch herrlicherer Fliedermassen, die niemand sah, alles wuchernd und wehend, der Wilde Wein jedes Jahr wahnsinniger, bis er dann im Oktober sogar das Dach mit blutroten Locken umkränzte und die Eulen und Eichhörnchen und all die gesegneten kleinen Vögel die Herrschaft übernahmen, wobei kein lebendes Wesen je in das leere Haus eindrang, bis auf die Schlangen, die in jenen stillen Jahren die Angewohnheit entwickelten, sich an der Südwand in die dort gelegenen Zimmer zu winden, wann immer die alte Haushälterin die Fenster öffnete. All das war hier – Friede und Glück und ein sinnvolles Dasein –, und dennoch kam es mir nie in den Sinn, herzuziehen und darin zu leben. Im Rückblick erstaunt mich das; ich kann mir überhaupt nicht erklären, warum ich erst so spät entdeckte, dass hier, in dieser abgeschiedenen Ecke, mein Himmelreich lag. Tatsächlich war mir der Gedanke so fern, diesen Ort auch nur im Sommer zu nutzen, dass ich mich jedes Jahr wochenlang dem Leben am Meer mit all seinen Schrecken unterwarf, bis ich dann endlich, letztes Jahr im Vorfrühling, zur Eröffnung der Dorfschule herkam und danach in den kahlen, verlassenen Garten hinauswanderte, wo mir irgendein Duft von feuchter Erde oder moderndem Laub auf einen Schlag meine Kindheit und all die glücklichen Tage, die ich im Garten verbracht hatte, ins Gedächtnis rief. Könnte ich diesen Tag je vergessen? Er markierte den Beginn meines wahren Daseins, meinen Eintritt ins Erwachsenenleben, in mein eigenes Reich. Anfang März, mit einem stillen grauen Himmel und stiller brauner Erde; blattlos und traurig und ziemlich einsam, da draußen in der feuchten Stille; und dennoch fühlte ich verzückt den gleichen Rausch purer Freude über den ersten Frühlingshauch wie als Kind, und die fünf verschwendeten Jahre fielen von mir ab wie ein Mantel, und die Welt war voller Hoffnung, und ich legte an Ort und Stelle ein Gelübde an die Natur ab, und seitdem bin ich glücklich.

Mein Gemahl war milde gestimmt und dachte sich vielleicht auch im Geheimen, dass es ganz gut wäre, sich um das Haus zu kümmern, jedenfalls erklärte er sich bereit, eine Zeit lang dort zu leben. Es folgten sechs außerordentlich selige Wochen von Ende April bis Juni, in denen ich alleine hier war; ich sollte das Anstreichen und Tapezieren überwachen, ging aber tatsächlich erst dann ins Haus, wenn die Handwerker es verlassen hatten.

Wie glücklich ich war! Ich kann mich nicht entsinnen, jemals eine so vollkommene Zeit erlebt zu haben, seit jenen Tagen, als ich noch zu klein für Schulstunden war und mit meinem gezuckerten Elf-Uhr-Butterbrot auf den dicht mit Löwenzahn und Gänseblümchen bestreuten Rasen hinausgeschickt wurde. Der Zucker auf dem Butterbrot hat seinen Zauber verloren, aber Löwenzahn und Gänseblümchen liebe ich heute sogar noch leidenschaftlicher als damals; ich könnte es niemals ertragen, sie abgemäht zu sehen, wenn ich nicht wüsste, dass sie ein, zwei Tage später ihre kleinen Gesichter wieder übermütig emporstrecken. In diesen sechs Wochen lebte ich in einer Welt aus Lust und Löwenzahn. Der Löwenzahn bedeckte alle drei Rasenflächen – ehemaliger Rasen jedenfalls, inzwischen erblüht zu Wiesen voller hübschem Unkraut aller Art – und unter den Gruppen blattloser Eichen und Buchen lagen Teppiche aus blauen Leberblümchen, weißen Buschwindröschen, lila Veilchen und gelbem Scharbockskraut. Das Scharbockskraut mit seinem fröhlichen, klaren Strahlen entzückte mich besonders; es sah so adrett und frisch lackiert aus, als hätten die Maler auch hier gearbeitet. Dann, als die Buschwindröschen weg waren, kamen ein paar verstreute Immergrün und Salomonssiegel, und alle Traubenkirschen explodierten gleichzeitig. Und dann, noch bevor ich mich an das Glück gewöhnen konnte, ihre Blüten vor dem Himmel zu sehen, folgte der Flieder – Massen über Massen von Flieder, in Klumpen auf der Wiese, zwischen anderen Büschen und Bäumen an den Wegrändern und als ein einziges, durchgehendes Band Hunderte von Metern an der Westseite des Hauses entlang, so weit der Blick reichte, in herrlicher Pracht vor einem Hintergrund aus Kiefern. Als diese Zeit kam und als noch vor ihrem Ende sämtliche Robinien blühten und vier große Klumpen aus blassen, silbrig rosafarbenen Pfingstrosen unter den Südfenstern, fühlte ich mich so vollkommen glücklich, und gesegnet, und dankbar, dass ich es wirklich nicht beschreiben kann. Meine Tage schmolzen förmlich dahin in einem friedlichen Traum aus Rosa und Violett.

Im Haus waren nur die alte Haushälterin und ein Dienstmädchen, sodass ich mich unter dem Vorwand, nicht zu viel Mühe zu bereiten, dem hingeben konnte, was mein Gemahl meine *fantaisie déréglée* beim Essen nennt – Mahlzeiten, die so einfach waren, dass sie auf einem Tablett zum Flieder hinausgetragen werden konnten; und ich lebte, soweit ich mich entsinnen kann, die ganze Zeit nur von Salat und Brot und Tee, wobei manchmal zum Mittagessen eine klitzekleine Taube auftauchte, die mich nach Meinung der alten Dame vor dem Verhungern retten würde. Wer außer einer Frau hätte sechs Wochen Salat ertragen, auch wenn der Salat von Anblick und Duft der herrlichsten Fliedermassen geheiligt wurde? Ich ertrug ihn, und meine Anmut nahm jeden Tag zu, allerdings mag ich seitdem keinen

Salat mehr. Heute bedrückt mich die Notwendigkeit, an drei Speisezimmermahlzeiten pro Tag teilzunehmen, zwei davon unter dem Vorsitz jener Honoratioren, die für die Aufrechterhaltung der Familienwürde als unerlässlich gelten, und alle drei von großen Fleischstücken dominiert – wie oft denke ich dabei an meine Salattage zurück, vierzig an der Zahl, und an das selige Gefühl, allein zu sein, so allein wie ich damals!

Und dann gab es die Abende, wenn die Handwerker alle gegangen waren und das Haus der hallenden Leere überlassen blieb und die alte Haushälterin ihre rheumatischen Glieder ins Bett gepackt hatte und mein kleines Zimmer in einem ganz anderen Teil des Hauses bereitet war; wie widerwillig verließ ich die freundlichen Frösche und Eulen, während mir das schwere Herz in die Schuhe sank, wenn ich das Gartentor abschloss und die lange Flucht hallender Südräume voller Schatten und Leitern und geisterhafter Eimer mit Malerkehricht durchquerte, wobei ich mir eine Melodie vorsummte, um mir vorzumachen, dass mir das gefiele, und dann betont langsam durch die ziegelgepflasterte Eingangshalle ging, die knarrende Treppe hinauf, den langen weißgekalkten Gang entlang, und zuletzt in einem Anfall panischer Eile in mein Zimmer stürzte, wo ich die Tür zweimal abschloss und verriegelte!

Im Haus gab es keine Klingeln, und ich nahm immer eine große Tischglocke mit ans Bett, um wenigstens Lärm schlagen zu können, wenn mich nachts etwas erschreckte, allerdings weiß ich nicht, wozu das gut sein sollte, denn es hätte mich niemand gehört. Das Hausmädchen schlief in einer anderen kleinen Kammer direkt neben meiner, und wir beide waren die einzigen lebenden Wesen im großen, leeren Westflügel. Sie glaubte offensichtlich nicht an Gespenster, denn ich konnte hören, dass sie einschlief, sobald sie im Bett lag; ich glaube auch nicht an Gespenster, habe aber trotzdem Angst – »*mais je les redoute*«, wie eine französische Dame schrieb, die in ihren Büchern eigentlich recht unerschrocken wirkt.

Die Tischglocke war ein großer Trost; sie wurde nie geläutet, aber es beruhigte mich, sie auf dem Stuhl neben meinem Bett zu sehen, weil meine Nächte ganz und gar nicht friedlich verliefen; alles war so eigenartig, und da gab es so ein seltsames Knarren und andere Geräusche. Ich lag stundenlang wach, vom Quietschen irgendeiner Bodendiele aus leichtem Schlaf geschreckt, und lauschte dem gleichmütigen Schnarchen des Mädchens nebenan. Am Morgen war ich natürlich kühn wie ein Löwe und amüsierte mich prächtig über den kalten Schweiß der vorausgegangenen Nacht, aber heute kommt es mir so vor, als wären selbst diese Nächte reizvoll gewesen und ich selbst einer von jenen poetischen Schuljungen, die »in jedem Windhauch Stimmen hören und wohlig Angst erhaschen«. Ich würde sie mit Freuden noch einmal durchzittern für jene wunderbare Klarheit des Hauses ohne Dienstboten oder Polstermöbel.

Wie hübsch die Schlafzimmer aussahen, die nichts außer den fröhlichen neuen Tapeten enthielten! Manchmal ging ich in die Räume, die schon fertig waren, und erbaute alle möglichen Luftschlösser zu ihrer Zukunft und ihrer Vergangenheit. Würden die Nonnen, die darin gelebt hatten, ihre kleinen gekalkten Zellen wiedererkennen, die mit den Blumentapeten und der reinen weißen Farbe so heiter wirkten? Und wie erstaunt wären sie über Zelle Nr. 14, die sich in ein Badezimmer verwandelt hat, mit einer so großen Wanne, dass die Reinheit unserer Körper derjenigen ihrer Seelen gleichkommt! Sie würden sie als Versuchung des Teufels ansehen; ich erinnere mich, dass ich selbst an jenem Tag zum ersten Mal über meine schwarzen Fingernägel schockiert war, an dem meine weiße Seele Schaden nahm, weil ich mich mit fünfzehn in den Kirchenorganisten verliebte, oder eher: in die Zipfel seines Chorhemdes und seiner römischen Nase und seines feurigen Schnurrbarts, die alles waren, was ich je erspähen konnte, und die ich mindestens sechs Monate lang bis zum Wahnsinn liebte. Am Ende jener Zeitspanne ging ich eines Tages mit meiner Gouvernante spazieren und begegnete ihm auf der Straße, wobei ich entdeckte, dass seine nichtamtliche Kleidung aus einem Bratenrock bestand, zu dem er einen Umlegekragen und eine Melone trug; von da an liebte ich ihn nie wieder.

Der erste Teil dieser Zeit der Seligkeit war am vollkommensten, weil all meine Gedanken dem Frieden und der Schönheit ringsum galten. Dann erschien plötzlich er, der das Recht hat, zu erscheinen, wann und wo er will, und rügte mich, weil ich nie geschrieben hatte, und als ich ihm sagte, ich sei buchstäblich zu glücklich gewesen, um ans Schreiben zu denken, schien er die Tatsache, dass ich alleine glücklich sein könne, als Kritik an ihm zu verstehen. Ich führte ihn durch den Garten, auf den neuen Wegen, die ich hatte anlegen lassen, und zeigte ihm die Robinien- und Fliederpracht, und er sagte, es sei die reinste Selbstsucht, dass ich mich vergnügen könne, wenn weder er noch der Nachwuchs bei mir seien, und außerdem müsse der Flieder unbedingt zurückgeschnitten werden. Ich versuchte ihn zu besänftigen, indem ich ihm mein gesamtes Abendessen aus Salat und Toast anbot, das bei unserer Rückkehr am Fuß der kleinen Verandatreppe bereitstand, aber nichts konnte diesen Zornesmenschen besänftigen, und er sagte, er werde sofort zurückreisen zu seiner vernachlässigten Familie. Also ging er, und der Rest meiner kostbaren Zeit wurde, wann immer ich eigentlich Freudensprünge machen wollte, von Gewissensbissen getrübt (zu denen ich stark neige). Ich sah nach den Anstreichern, obwohl meine Füße mich in den Garten tragen wollten; ich trabte emsig durch die Gänge; ich gab an einem einzigen Tag mehr Kritik und Vorschläge und Anordnungen von mir als in der gesamten restlichen Zeit; ich schrieb regelmäßig und versicherte alle meiner Liebe; aber ich brachte es nicht über mich, Sorgen oder Sehnsucht zu empfinden. Was soll man denn machen, wenn das eigene Gewissen rein ist und die Leber gesund und die Sonne scheint?

10. Mai

Letztes Jahr wusste ich überhaupt gar nichts über das Gärtnern, und dieses Jahr nur wenig mehr, aber ich bekomme eine erste Ahnung von dem, was getan werden könnte, und habe zumindest einen großen Schritt hinter mir – von Prunkwinden zu Teerosen.

Der Garten war eine totale Wildnis. Er liegt rings um das Haus, aber der Hauptteil befindet sich auf der Südseite, was wohl immer schon so war. Der Südflügel hat nur ein Geschoss und besteht aus einer langen Flucht miteinander verbundener Räume; seine Mauern sind mit Wildem Wein überwuchert. In der Mitte liegt eine kleine Veranda, von der eine Treppe aus wackeligen Holzstufen hinunterführt in den wohl einzigen Bereich des Gartens, der je gepflegt worden ist. Es handelt sich um einen Halbkreis, in den Rasen eingelassen und mit Liguster umrahmt; in diesem Halbkreis gibt es elf Beete unterschiedlicher Größen, die mit Buchsbaum abgegrenzt und rings um eine Sonnenuhr angeordnet sind. Die Sonnenuhr ist überaus ehrwürdig und moosbewachsen, und ich liebe sie sehr. Diese Beete waren das einzige sichtbare Indiz für irgendeinen Versuch des Gärtnerns (außer einem einsamen Krokus, der jeden Frühling ganz allein im Gras auftauchte – nicht weil er es so wollte, sondern weil er nicht anders konnte), und dort, in allen elf Beeten, hatte ich Prunkwinden aussäen lassen, weil ich ein deutsches Gartenbuch gefunden hatte, in dem es hieß, Prunkwinden in riesigen Mengen seien das Einzige, was man brauche, um die grässlichste Wüste in ein Paradies zu verwandeln. Nichts anderes wurde in diesem Buch mit der gleichen Wärme empfohlen, und weil ich keinerlei Vorstellung von der benötigten Samenmenge hatte, kaufte ich zehn Pfund und ließ sie nicht nur in den elf Beeten, sondern um fast jeden Baum aussäen; dann wartete ich in großer Aufregung auf das versprochene Paradies. Es erschien nicht, und ich hatte meine erste Lektion gelernt.

Zum Glück hatte ich auch zwei große Flächen mit Duftwicken gesät, die mich den ganzen Sommer über sehr glücklich machten, und dann gab es noch ein paar Sonnenblumen, und einige Stockrosen unter den Südfenstern, mit Madonnenlilien dazwischen. Aber die Lilien verschwanden, nachdem sie verpflanzt worden waren – wie hätte ich wissen sollen, dass das bei Lilien normal ist? Und die Farben der Stockrosen erwiesen sich als ziemlich hässlich, sodass mein erster Sommer ausschließlich von Wicken geschmückt und verschönert wurde.

Im Moment schöpfen wir, nach dem geschäftigen Anlegen von Beeten und Wegen, die vor dem Sommer fertig werden sollten, gerade erst wieder Atem. Die elf Beete rings um die Sonnenuhr sind mit Rosen bepflanzt, aber ich merke jetzt schon, dass ich mit einigen Sorten Fehler gemacht habe. Nachdem ich keine Menschenseele habe, mit der ich zu diesem – oder sonst einem – Thema Beratungen abhalten könnte, ist mein einziger Weg zu lernen der des

Fehlermachens. Alle elf Beete sollten einen Teppich aus violetten Stiefmütterchen bekommen, aber nachdem ich nicht genügend Pflanzen hatte und niemand mir welche verkaufen konnte, haben jetzt nur sechs ihre Stiefmütterchen; in den anderen ist Zwergreseda ausgesät. Zwei der Beete sind mit Marie-van-Houtte-Rosen gefüllt, zwei mit Viscountess Folkestone, zwei mit Laurette Messimy, eines mit Souvenir de la Malmaison, eines mit Adam- und Devoniensis-Rosen, zwei mit Persian Yellow und Kapuzinerrosen, und ein großes hinter der Sonnenuhr mit drei Sorten roter Rosen (insgesamt 72 Pflanzen): Duke of Teck, Cheshunt Scarlet und Prefet Limbourg. Dieses Beet war ein Fehler, da bin ich mir sicher, genau wie einige der anderen, aber natürlich muss ich abwarten und beobachten, weil ich eine so unwissende Person bin. Außerdem habe ich im Gras links und rechts des Halbkreises zwei lange Beete anlegen lassen; in beiden ist Reseda ausgesät, und das eine ist mit Marie van Houtte bepflanzt, das andere mit Jules Finger und The Bride. In einer warmen Ecke unter dem Salonfenster liegt ein Beet mit Madame Lambard, Madame de Watteville und Comtesse Riza du Parc, weiter hinten im Garten, nach Norden und Westen von Buchen und Fliederbüschen abgeschirmt, noch ein großes Beet mit Rubens, Madame Joseph Schwartz und Hon. Edith Gifford. All diese Rosen sind niedrig; ich habe nur zwei Hochstämmchen im ganzen Garten, beide Madame Georges Bruant, und sie sehen aus wie Besenstiele. Wie ich den Tag herbeisehne, an dem die Teerosen ihre Knospen öffnen! Noch nie habe ich mich so innig auf irgendetwas gefreut, und jeden Tag mache ich die Runde, um zu bewundern, was meine kleinen Lieblinge in vierundzwanzig Stunden an neuen Blättern oder hübschen roten Trieben hervorgebracht haben.

Die Stockrosen und (inzwischen blühenden) Lilien sind immer noch unter den Südfenstern, in einem schmalen Beet über einer Rasenböschung, an deren Fuß ich zwei lange Beete mit Duftwicken ausgesät habe, den Rosenbeeten zugewandt, damit meine Rosen bis zum Herbst etwas betrachten können, das fast so hübsch ist wie sie selbst – danach muss alles weiteren Teerosen weichen. Der Weg, der von diesem Halbkreis in den Garten hinausführt, wird von Chinarosen flankiert, weiß und rosa, mit einer Persian Yellow hier und da. Jetzt wünsche ich mir, ich hätte auch dort Teerosen gepflanzt, und habe düstere Vorahnungen, was die Wirkung der Persian Yellows zwischen den Chinarosen angeht, denn die Chinesinnen sind so zarte kleine Dinger, und die Perserinnen sehen aus, als wollten sie große Büsche werden.

Kein lebendes Wesen in diesem Teil der Welt kann auch nur im Geringsten nachvollziehen, mit welchem Herzklopfen ich mich auf das Erblühen dieser Rosen freue, und es gibt kein deutsches Gartenbuch, das Teerosen nicht in Gewächshäuser verbannen würde, wo sie ihr Leben lang eingekerkert bleiben und der Atem Gottes ihnen für immer verwehrt bleibt. Zweifellos war es meiner Ignoranz geschuldet, dass ich in blindem Eifer voranpreschte, wo teutonische Experten zu äußerster Behutsamkeit raten, und meine Teerosen einem nordischen Winter aussetzte; aber sie trotzten ihm unter Kiefernzweigen und Laub, und keine einzige hat gelitten, und heute könnten keine anderen Rosen in ganz Europa mehr Zufriedenheit und entschlossene Lebensfreude ausstrahlen.

14. Mai

Heute schreibe ich auf der Veranda, und die drei Kinderlein schwirren um mich herum, hartnäckiger als Moskitos, und schon mehrere der dreißig Finger waren im Tintenfass, sodass die Eigentümerinnen getröstet werden mussten, wo die Pflicht nach einer Rüge gerufen hätte. Aber wer könnte solche reumütig gesenkten Sonnenhäubchen ausschimpfen? Alles, was ich erkennen kann, sind Sonnenhäubchen und Trägerschürzen und flinke schwarze Beine.

Diese drei, ihr geduldiges Kindermädchen, ich selbst, der Gärtner und der Hilfsgärtner sind die einzigen Menschen, die meinen Garten je betreten; allerdings verlassen wir ihn auch nie. Der Gärtner ist seit einem Jahr hier und übergibt mir regelmäßig zu jedem Monatsersten seine Kündigung, hat sich aber immer wieder zum Bleiben bewegen lassen. Am Ersten dieses Monats kam er wie gewöhnlich und teilte mir mit, Entschlossenheit in jeden seiner Gesichtszüge gemeißelt, dass er im Juni zu gehen gedenke und dass nichts ihn umstimmen könne. Ich glaube nicht, dass er viel vom Gärtnern versteht, aber er kann zumindest umgraben und gießen, und einige Sachen, die er aussät, gehen auf, und einige Pflanzen, die er setzt, wachsen; außerdem habe ich noch nie einen Menschen gesehen, der so unermüdlich fleißig wäre wie er, und er hat den großen Vorzug, niemals die leiseste Notiz von dem zu nehmen, was wir im Garten tun. Deswegen versuche ich, ihn zu halten – wer weiß, wie der nächste wäre? –, und als ich ihn fragte, was er zu beanstanden habe, und seine Antwort »nichts« lautete, konnte ich nur den Schluss ziehen, dass er eine persönliche Abneigung gegen mich hegt, wegen meiner exzentrischen Vorliebe für Pflanzen in Gruppen anstelle von Pflanzen in Reihen. Vielleicht missfallen ihm auch die Auszüge aus Gartenbüchern, die ich ihm manchmal vorlese, während er etwas Neues aussät oder pflanzt. Weil ich selbst so hilflos bin, fand ich es einfacher, das Buch zu ihm hinauszutragen und ihm anstelle irgendwelcher Erklärungen die Weisheit direkt aus der Quelle zukommen zu lassen, in Portionen verabreicht, während er arbeitet. Ich erkenne durchaus an, dass das unerfreulich sein muss, und nur meine Sorge, ein ganzes Jahr wegen irgendeines dummen Fehlers zu verlieren, gibt mir den Mut dazu. Manchmal lache ich hinter dem Buch über sein angewidertes Gesicht und wünsche mir, jemand würde uns fotografieren, damit ich in zwanzig Jahren, wenn der Garten ein Hort des Liebreizes und ich ein Born des Wissens sein müsste, eine Erinnerung an meine frühen, glücklichen Kämpfe und Fehlschläge habe.

Den ganzen April über setzte er die Stauden, die wir im Herbst gesät hatten, an ihre endgültigen Plätze, und den ganzen April über schritt er mit einem langen Stück Schnur durch den Garten und markierte parallele Linien von wunderbarer Präzision in den Beeten, auf denen er die armen Pflanzen wie Soldaten bei einer Parade platzierte. Zwei lange Beete wurden eines Tages während meiner Abwesenheit so bepflanzt, und als ich erklärte, dass auf dem dritten die Pflanzen in Gruppen und nicht in Reihen stehen sollten, weil ich einen natürlichen Effekt ohne sichtbare kahle Erde wolle, sah er sogar noch hoffnungslos trübseliger drein als sonst; als ich später hinausging, um mir das Ergebnis anzusehen, entdeckte ich, dass er in zwei lange Beete zu beiden Seiten eines geraden Weges kurze Linien aus jeweils fünf Pflanzen gesetzt hatte – erst fünf Nelken, daneben fünf Nachtviolen, dahinter fünf Nelken und neben die Nelken fünf Violen, und so weiter mit verschiedenen Pflanzen jeder Art und Größe bis zum Ende des Beetes. Als ich protestierte, sagte er, er habe nur meine Anweisungen ausgeführt und dabei gleich gewusst, dass es nicht gut aussehen würde; also gab ich auf, und die restlichen Beete wurden nach dem Muster der ersten beiden bepflanzt, und ich werde Geduld haben und sehen, wie sie diesen Sommer aussehen, bevor sie wieder umgegraben werden, weil es Anfängerinnen gut zu Gesicht steht, demütig zu sein.

Wenn ich nur selbst umgraben und pflanzen dürfte! Wie viel einfacher und wie faszinierend wäre es, Löcher genau dort zu graben, wo man sie haben möchte, und die Pflanzen genau nach den eigenen Vorstellungen zu setzen, statt Anordnungen zu geben, die nur halb verstanden werden, sobald sie von jenen schnurgeraden Linien abweichen! In der ersten Verzückung darüber, einen Garten ganz für mich zu haben, und in meiner brennenden Ungeduld, die öden Stellen erblühen zu lassen wie Rosen, schlich ich mich letztes Jahr an einem Sonntag im April zur Essenszeit der Dienstboten mit einem Spaten und einem Rechen hinaus, vor dem Gärtner doppelt abgesichert durch Wochentag und Uhrzeit, und grub fieberhaft ein Stück Erde um und zerkrümelte es und säte verstohlen Prunkwinden aus und rannte erhitzt und schuldbewusst zurück ins Haus, wo ich mich gerade noch rechtzeitig in einen Sessel und hinter ein Buch warf und gelangweilt dreinblickte, um meinen Ruf zu retten. Und warum auch nicht? Gärtnern ist nicht anmutig und bringt einen ins Schwitzen, aber es ist eine gesegnete Art von Arbeit, und wenn Eva im Paradies einen Spaten gehabt und gewusst hätte, wie man ihn benutzt, wäre uns diese ganze traurige Geschichte mit dem Apfel erspart geblieben.

Welch glückliche Frau bin ich, in einem Garten zu leben, mit Büchern und Kinderlein und Blumen und Vögeln und reichlich freier Zeit, um sie zu genießen! Dennoch betrachten meine städtischen Bekannten dies als Gefangenschaft und Begrabensein und ich weiß nicht was noch alles, und ihr Gekreische würde durch die Luft gellen, wären sie zu solch einem Leben verurteilt. Manchmal fühle ich mich gesegnet vor all meinen Mitmenschen, weil es mir so leichtfällt, mein Glück zu finden. Ich glaube, wenn die Sonne immer schiene, wäre ich immer froh und könnte mich auch in Sibirien an einem schönen Tag sehr gut amüsieren. Und welche Vergnügungen des Stadtlebens kämen dem Entzücken jener stillen Abende gleich, die ich in diesem Monat damit verbracht habe, allein am Fuß der Verandatreppe zu sitzen, im Duft der jungen Lärchen, unter einem tief über den Buchen hängenden Maimond, in der wundervollen Stille, deren Friede durch das ferne Froschquaken und das Rufen von Eulen nur noch tiefer wurde? Ein Maikäfer, der mit lautem Brummen dicht an meinem Ohr vorbeischießt, lässt mich erschauern, teils aus freudiger Erinnerung an vergangene Sommer, teils aus Angst, er könnte sich in meinem Haar verfangen. Der Zornesmensch sagt, das seien schädliche Kreaturen und sie müssten ausgemerzt werden. Mir wäre es lieber, wenn das Ausmerzen am Ende des Sommers stattfände und sie nicht gleich zu Beginn der ganzen Freuden aus dieser schönen Welt gestampft würden.

Dies war ein ziemlich ereignisreicher Nachmittag. Mein ältestes Kind, im April geboren, ist fünf Jahre alt, und das jüngste, das im Juni auf die Welt kam, ist drei – alle Scharfsinnigen werden sofort in der Lage sein, das Alter des verbleibenden mittleren oder Maikinds zu erraten. Während ich mich über eine Gruppe von Stockrosen beugte, die auf das Einzige gepflanzt sind, was in diesem Garten einem Hügel ähnelt, hatte das Aprilkind nachdenklich auf einem Baumstumpf in der Nähe gesessen. Plötzlich stand sie auf und rannte ziellos herum; dabei kreischte sie mit allen Anzeichen des Schreckens und rang die Hände. Ich schaute zu und fragte mich, was los war, und dann sah ich, dass eine ganze Armee junger Kühe, die auf einer Wiese neben dem Garten geweidet hatten, durch die Hecke gebrochen war und gefährlich nahe bei meinen Teerosen und kostbarsten Besitztümern graste. Das Kindermädchen und ich schafften es, sie wegzujagen, aber erst, nachdem sie auf grausamste Weise ein Beet mit Nelken und Lilien niedergetrampelt und große Löcher in eine Gruppe von Chinarosen getreten und sogar an einer Jackmanii-Clematis geknabbert hatten, die ich davon zu überzeugen versuche, einen Baumstamm emporzuklettern. Der düstere Gärtner lag gerade krank im Bett, und sein Helfer war bei der Vesper – wie im protestantischen Deutschland der Nachmittagstee oder dessen Äquivalent genannt wird –, deshalb füllte das Kindermädchen die Löcher so gut wie möglich mit Humus auf und begrub die zerquetschten, zerschundenen Rosen darunter, auf ewig ihrer Hoffnungen auf sommerlichen Ruhm beraubt, während ich bedrückt zusah. Das Junikind misst nur sechzig auf sechzig Zentimeter; dennoch griff sie, tollkühn weit über ihre Körpergröße und Jahre hinaus, nach einem Stock, der sie weit überragte, und verfolgte die Kühe; der Kuhhirte war nirgends zu sehen. Sie pflanzte sich vor ihnen auf und schwenkte ihren Stock, und die Kühe standen in einer Reihe nebeneinander und starrten sie in großem Erstaunen an; sie hielt sie in Schach, bis einer der Männer vom Bauernhof mit einer Peitsche ankam; als er den Kuhhirten friedlich im Schatten schlafend vorfand, gab er ihm eine ordentliche Tracht Prügel. Der Kuhhirte ist ein Koloss von einem jungen Mann, viel größer als derjenige, der ihn schlug, aber er nahm seine Strafe ohne einen Mucks als Teil seines Tagwerks hin. Durch seine Lederhose hindurch kann er nicht viel gespürt haben, und ich fand, er hatte es verdient; aber es muss für einen starken jungen

Mann ohne Grips eine demoralisierende Aufgabe sein, auf Kühe aufzupassen. Niemand sollte diesen Beruf ausüben, der nicht mindestens die Fantasie eines Dichters hat.

Als das Junikind und ich zu den anderen beiden zurückkehrten, wurden wir mit so vielen Umarmungen begrüßt, als hätten wir große Gefahren heil überstanden, und während wir unter einer Buche friedlich Tee tranken, schaute ich zufällig hinauf in ihr grünes Gewirr, und dort, auf einem Ast ganz dicht über meinem Kopf, saß eine kleine Eule. Ich stieg auf den Stuhl und fing sie ganz einfach ein, weil sie noch nicht fliegen konnte – wie sie überhaupt auf den Ast gelangt war, ist ein Rätsel. Sie sah aus wie ein kleiner Ball aus grauer Watte, mit einem unerhört niedlichen, weisen, feierlichen Gesicht. Das arme Ding! Ich hätte sie freilassen sollen, aber die Versuchung war unwiderstehlich, sie zu behalten, bis der Zornesmensch, der gerade auf Reisen war, sie gesehen hatte, denn er hatte oft gesagt, wie gerne er eine junge Eule hätte, um sie zu zähmen. Also steckte ich sie in einen geräumigen Käfig und hängte ihn an einen Ast in der Nähe von dem, auf dem sie gesessen hatte und der nicht weit vom Nest und ihrer Mutter entfernt sein konnte. Wir hatten uns kaum wieder zu unserem Tee niedergelassen, als ich zwei weitere Wattebällchen im hohen Gras sah, aus der Entfernung kaum von kleinen Maulwurfshügeln zu unterscheiden. Diese wurden prompt ihrem Geschwisterchen im Käfig zugesellt, und wenn der Zornesmensch jetzt nach Hause kommt, wird er nicht nur von einer mit dem obligatorischen Lächeln geschmückten

Gattin begrüßt werden, sondern auch von drei lang ersehnten Eulenkindern. Allerdings kommt es mir böse vor, sie ihrer Mutter wegzunehmen, und ich weiß, dass ich sie eines Tages wieder freilassen werde – vielleicht genau dann, wenn der Zornesmensch das nächste Mal auf Reisen geht. Ich stellte eine kleine Schale mit Wasser in den Käfig, obwohl sie noch nie Wasser gekostet haben konnten, es sei denn, sie tränken Regentropfen von den Buchenblättern. Ich nehme an, sie beziehen alle Flüssigkeit, die sie brauchen, aus den Körpern von Mäusen und anderen Leckerbissen, die ihre liebenden Eltern ihnen beschaffen. Aber die Vorstellung von Regentropfen ist hübscher.

15. Mai

Wie grausam war es doch von mir, diese armen kleinen Eulen in einen Käfig zu sperren, und sei es nur für eine Nacht! Ich kann mir das nicht verzeihen und werde mich nie wieder den Wünschen des Zornesmenschen beugen. Heute Morgen stand ich früh auf, um nachzusehen, wie es ihnen ging, und fand die Käfigtür weit offen vor; die Eulen waren nicht zu sehen. Natürlich dachte ich, jemand hätte sie gestohlen – ein Junge aus dem Dorf vielleicht, oder der gezüchtigte Kuhhirte. Aber als ich mich umsah, sah ich eine hoch oben in den Buchenästen hocken und dann zu meiner Bestürzung eine, die tot am Boden lag. Die dritte war nirgends zu sehen und sitzt wahrscheinlich sicher im Nest. Die Eltern haben wohl so lange an den Gitterstäben des Käfigs gezogen, bis die Tür zufällig aufging, und dann die Jungen herausgezerrt und auf den Baum getragen. Das tote Küken wurde wahrscheinlich vom Ast geweht; die Nacht war stürmisch und sein Genick ist gebrochen. Heute gibt es im Garten ein glückliches Leben weniger, und das ist meine Schuld, dabei ist der Tag so herrlich und warm – genau die Art von Wetter, in der weiche junge Wesen sich vergnügen und wachsen. Die Kinderlein sind ganz verzweifelt; sie heben ein Grab aus und flechten Trauerkränze aus Löwenzahn.

Als ich dies gerade geschrieben hatte, hörte ich jemanden ankommen, rannte hinaus und berichtete dem Zornesmenschen atemlos, dass ich ihm beinahe die Eulen hätte schenken können, die er sich so oft gewünscht hatte, und wie leid es mir tue, dass sie weg waren, und wie traurig wir über den Tod der einen seien, und so weiter, in der redseligen Art der Frauen. Er hörte zu, bis ich innehielt, um Luft zu holen, und sagte dann: »Ich bin überrascht, dass man so grausam sein kann. Wie konntest du die Eulenmutter nur so leiden lassen? Sie hat dir nie etwas getan.«

Diese Worte trieben mich aus dem Haus und in den Garten, überzeugter denn je, dass der Dichter die Wahrheit sprach:

Ein doppelt Paradies müsst's sein,
wär man im Paradies allein.

16. Mai

Der Garten ist der Ort, wo ich Schutz und Obdach suche, nicht das Haus. Im Haus gibt es Pflichten und Ärgernisse, Bedienstete, die ermuntert und ermahnt werden müssen, Möbelstücke und Mahlzeiten; hier draußen aber ist jeder meiner Schritte von Segnungen umgeben – hier fühle ich Bedauern über die Unfreundlichkeit in meinem Inneren, über jene selbstsüchtigen Gedanken, die so viel schlimmer sind, als sie sich anfühlen; hier werden all meine Sünden und Dummheiten vergeben; hier fühle ich mich beschützt und geborgen. Jede Blume, jedes Unkraut ist ein Freund, jeder Baum ein Geliebter. Wenn mich etwas verärgert hat, laufe ich zu ihnen hinaus, um mich trösten zu lassen, und wenn ich grundlos wütend geworden bin, finde ich bei ihnen Vergebung. Hatte je eine Frau so viele Freunde? Und sie sind immer gleich, immer bereit, mich willkommen zu heißen und mit fröhlichen Gedanken zu erfüllen. Wir sind glückliche Kinder des gleichen Vaters; warum sollte ich, ihre Schwester, weniger froh und zufrieden sein als sie? Selbst bei einem Gewitter, wenn andere Leute ins Haus eilen, eile ich hinaus. Ich mag Gewitter nicht – sie ängstigen mich schon Stunden zuvor, weil ich ihr Herannahen spüre; aber es ist seltsam, dass ich im Garten Schutz suche. Ich fühle mich dort besser: besser umsorgt, besser getröstet. Wenn es donnert, sagt das Aprilkind: »Jetzt schimpft der liebe Gott wieder die Engels aus.« Und einmal, als es nachts ein Gewitter gab, beschwerte sie sich lauthals und fragte, warum der liebe Gott nicht tagsüber schimpfen könne, sie habe gerade ganz fest geschlafen. Alle drei sprechen eine wunderbare Mischung aus Deutsch und Englisch; sie beflecken die Reinheit ihrer Muttersprache, indem sie englische Wörter mitten in deutsche Sätze einflechten. Für mich klingt das immer nach Gerechtigkeit, die durch Barmherzigkeit abgemildert wird.

Heute haben wir Schlüsselblumen gepflückt, in einem Wäldchen, das den ehrwürdigen Namen Hirschwald trägt, weil darin die Jagdgründe unzähliger Hirsche liegen, die dort an Herbstabenden kämpfen und einander mit einem Röhren zum Kampf herausfordern, das durch die Stille schallt und der einsamen Lauscherin wohlige Schauer über den Rücken jagt. Ich gehe im September oft spätabends dort spazieren und setze mich auf einen umgestürzten Baum, um fasziniert dem wütenden Geschrei zu lauschen.

Wir setzten uns ins Gras und machten Schlüsselblumenbälle. Die Kinderlein hatten so etwas noch nie gesehen und hätten sich nichts auch nur halb so Niedliches vorstellen können. Der Hirschwald ist ein offenes Wäldchen mit Sandbirken und federndem, blumenbesterntem Boden, und ein kleiner Bach schlängelt sich liebenswürdig hindurch und schmückt sich im Juni mit gelben Schwertlilien. Ich träume davon, mir dort eine kleine Hütte bauen zu lassen, mit Gänseblümchen bis zur Tür und keinem wie auch immer gearteten Weg – gerade groß genug für mich und eins der Kinderlein drinnen und eine violette Clematis draußen. Zwei Zimmer – eine Schlafkammer und eine Küche. Wie ängstlich wären wir des Nachts, und wie vollkommen glücklich bei Tag! Ich weiß ganz genau, wo sie stehen sollte, nach Südosten ausgerichtet, um die ganze Heiterkeit des Morgens zu bekommen, und nahe am Bach, damit wir unsere Teller zwischen den Schwertlilien spülen könnten. Manchmal, wenn wir gesellig gestimmt wären, würden wir die restlichen Kinderlein zum Tee einladen und ihnen Walderdbeeren auf Tellern aus Rosskastanienblättern servieren; aber kein Mensch, der weniger unschuldig und begeisterungsfähig wäre als ein Kind, dürfte den Glanz unserer sonnigen Hütte verdunkeln – tatsächlich nehme ich nicht an, dass irgendjemand Klügeres sich die Mühe machen würde vorbeizukommen. Kluge Menschen brauchen so vieles, bevor sie auch nur anfangen, sich zu vergnügen, und ich habe in ihrer Gesellschaft ständig das Gefühl, mich entschuldigen zu müssen, weil ich ihnen nur das anbieten kann, was ich selbst am liebsten mag – und schäme mich zudem dafür, dass ich so leicht zufriedenzustellen bin.

Neulich waren wir in der nächstgelegenen Stadt zum Abendessen eingeladen (wir brauchten den ganzen Nachmittag, um hinzukommen), und nach dem Essen wollten die Damen wissen, wie ich den Winter ertragen hätte, von allen Menschen abgeschnitten und manchmal wochenlang eingeschneit.

»Ach, diese Ehemänner!«, seufzte eine ausladende Dame und schüttelte düster den Kopf, »sie schließen ihre Frauen ein, wie es ihnen passt, und kümmern sich nicht um ihr Leid.«

Daraufhin seufzten auch die anderen und schüttelten die Köpfe, weil die ausladende Dame eine wichtige Provinzpotentatin war, und eine von ihnen erzählte, wie ein anderer furchtbarer Ehemann seine junge Frau aufs Land gebracht und sie dort festgehalten hatte, um ihre Schönheit und ihre Tugenden auf grausamste Weise vor der Öffentlichkeit zu verbergen, und wie sie, nachdem sie viele Jahre abwechselnd mit Weinen und mit der Produktion von Nachwuchs zugebracht hatte, vor Kurzem mit jemand Unaussprechlichem durchgebrannt war – ich glaube, es war der Diener oder der Bäcker oder jemand Derartiges.

»Aber ich bin sehr glücklich«, begann ich, sobald ich zu Wort kam.

»Ach, so ein braves Frauchen, sie macht das Beste daraus.« Die Potentatin tätschelte meine Hand, schüttelte aber weiterhin düster den Kopf.

»Sie können keinesfalls glücklich sein, so ganz allein im Winter«, erklärte eine andere Dame, Gattin eines hohen militärischen Amtsträgers und nicht an Widerspruch gewöhnt.

»Doch, das bin ich.«

»Aber wie könnten Sie das sein, in Ihrem Alter? Nein, das ist nicht möglich.«

»Doch, das *bin* ich.«

»Ihr Gatte sollte Sie im Winter in die Stadt bringen.«

»Aber ich möchte nicht in die Stadt gebracht werden.«

»Und nicht zulassen, dass Sie Ihre besten Jahre damit verschwenden, sich irgendwo zu vergraben.«

»Aber ich vergrabe mich gern.«

»Derartige Einsamkeit ist nicht gut.«

»Aber ich bin nicht einsam.«

»Und sie kann zu nichts Gutem führen.« Sie wurde allmählich zornig.

»Bestimmt nicht«, ertönte es im Chor, wie ein Refrain zu ihrer letzten Bemerkung, begleitet von erneutem Köpfeschütteln.

»Ich habe den Winter unerhört genossen«, protestierte ich, als sie sich ein wenig beruhigt hatten. »Ich war Schlittenfahren und Schlittschuhlaufen, und dann gab es noch die Kinder und Regale über Regale voller ...« – ich wollte »Bücher« sagen, bremste mich aber rechtzeitig. Lesen ist eine Beschäftigung für Männer; bei Frauen handelt es sich um tadelnswerte Zeitverschwendung. Und wie hätte ich ihnen von dem Glück erzählen sollen, das ich empfand, wenn die Sonne auf den Schnee schien, oder von der köstlichen Freude der Raureiftage?

»Es ist ausschließlich mir zuzuschreiben, dass wir hierhergezogen sind«, fuhr ich fort, »mein Mann tat es nur mir zu Gefallen.«

»So ein braves Frauchen«, wiederholte die Potentatin gönnerhaft, wobei sie wieder meine Hand tätschelte, als hätte sie alles durchschaut, »wirklich eine ganz exzellente Ehefrau. Aber Sie dürfen nicht zulassen, dass Ihr Gatte immer seinen Willen bekommt, meine Liebe; Sie müssen meinem Rat folgen und darauf bestehen, dass er Sie nächsten Winter in die Stadt bringt.«

Und dann fingen sie an, über ihre Köchinnen zu reden, weil sie sich zu ihrer vollkommenen Befriedigung davon überzeugt hatten, dass mein Schicksal wohl schon meiner harrte und vielleicht in genau diesem Moment auf mich lauerte, versteckt hinter den scheinbar harmlosen Messingknöpfen des Dieners, der in der Halle mit meinem Mantel wartete.

Auf dem Heimweg musste ich lachen, und ich lachte wieder, aus purer Zufriedenheit, als wir den Garten erreicht hatten und zwischen den stillen Bäumen auf das hübsche alte Haus zufuhren; und als ich die Bibliothek betrat, deren vier Fenster für Mondlicht und Duft geöffnet waren, und die vertrauten Bücherregale ringsum betrachtete und nur Laute des Friedens hörte und wusste, dass ich hier lesen oder träumen oder müßig sein durfte, wie ich wollte, ohne dass irgendein lebendes Wesen mich je stören würde, dankte ich dem freundlichen Schicksal, das mich hierher geführt, mir ein Herz voller Bewusstsein für die eigenen Segnungen geschenkt und mich vor einem Leben wie dem bewahrt hat, das ich gerade gesehen hatte – einem Leben, bei dem einem die Gerüche des Abendessens anderer Leute in der Nase hängen und die Geräusche ihrer zankenden Dienstboten in den Ohren, mit Partys und Tratsch als einziger Unterhaltung.

Aber ich muss zugeben, dass ich mich manchmal ziemlich niedergeschmettert fühlte, wenn irgendeine majestätische Person die Einzelheiten meines Refugiums aus der bequemen Entfernung des offenen Fensters durch vorgehaltene Augengläser betrachtete und alles, was mir so kostbar ist, kühl sezierte, um mir schließlich Anteilnahme an meiner Einsamkeit auszudrücken und, wenn ich protestierte, sie gefalle mir, »sehr bescheiden« zu murmeln. In der Tat beschämte mich dann die Schlichtheit meiner Bedürfnisse, aber nur einen Moment lang, und nur unter dem rasch verfliegenden Einfluss der Augengläser; schließlich ist der Geist der Augenglasbesitzerin der gleiche Geist, der auch meine Dienstmädchen beseelt – Mädchen, deren einzige Vorstellung von Glück die ist, in einer Stadt zu leben, wo es noch andere von ihrer Sorte gibt, mit denen man an Sonntagnachmittagen Bier trinken und tanzen kann. Die Begeisterung dafür, stets mit den eigenen Artgenossen zusammen zu sein, und die Angst davor, auch nur ein paar Stunden allein gelassen zu werden, sind mir vollkommen unverständlich. Ich kann mich über Wochen hinweg ganz gut selbst unterhalten und mir wird, außer durch den allgegenwärtigen Frieden, kaum bewusst, dass ich überhaupt alleine war. Trotzdem mag ich es, wenn Leute mich für ein paar Tage besuchen, oder gar für ein paar Wochen, solange sie ebenso anspruchslos sind wie ich selbst und sich mit einfachen Freuden begnügen; allerdings müssen alle, die hierherkommen und glücklich sein wollen, etwas in sich tragen – leere Kreaturen, hohl in Kopf und Herzen, werden es wahrscheinlich langweilig finden. Ich würde mein Haus gerne öfter voll sehen, wenn ich Menschen finden könnte, die in der Lage sind, sich selbst zu vergnügen. Sie würden mit der gleichen Herzlichkeit begrüßt wie verabschiedet, denn die Wahrhaftigkeit zwingt mich zu gestehen, dass ich sie zwar mit Freuden ankommen sehe, aber ebenso viel Freude empfinde, wenn sie wieder abreisen.

An manchen besonders himmlischen Tagen, wie heute, sehne ich mich tatsächlich danach, jemanden hier zu haben, mit dem ich all die Schönheit genießen könnte. Nachts hat es geregnet, und der ganze Garten scheint zu singen – nicht nur die unermüdlichen Vögel, sondern auch die vor Leben strotzenden Pflanzen, das glückliche Gras, die Bäume, die Fliederbüsche – oh, diese Fliederbüsche! Heute sind sie alle offen, und der Garten ist von ihrem Duft durchtränkt. Ich habe armvollweise Flieder hereingeholt, das Pflücken ist eine solche Freude, und alle Töpfe und Schüsseln und Eimer im Haus sind voll mit purpurroter Pracht, und die Dienstboten denken, es wird ein Fest stattfinden, und sind besonders flink, und ich gehe von Zimmer zu Zimmer und betrachte all die Lieblichkeit, und alle Fenster sind aufgerissen, damit sich der Duft drinnen mit dem Duft draußen verbindet; und allmählich merken die Dienstboten, dass gar keine Party stattfindet, und fragen sich, warum das Haus für eine Frau, die ganz allein ist, mit Blumen gefüllt werden sollte, und ich sehne mich immer stärker nach einer verwandten Seele – es kommt mir so gierig vor, all diese Pracht für mich allein zu haben –, aber verwandte Seelen sind so ungeheuer selten, dass ich Unmögliches verlange. Es stimmt zwar, dass mein Garten voller Freunde ist, aber sie sind … stumm.

3. Juni

Dies ist eine dermaßen abgelegene Ecke der Welt, dass ungewöhnliche Energie vonnöten ist, um überhaupt hierherzukommen, weshalb mir Gelegenheitsbesuche erspart bleiben, während sich andererseits die Menschen, die ich liebe, oder die Menschen, die mich lieben – was weitgehend identisch ist –, wahrscheinlich nicht von der umständlichen Zugreise und der anschließenden langen Kutschfahrt abschrecken lassen. Es ist nicht die geringste meiner Segnungen, dass wir nur einen Nachbarn haben. Wenn man überhaupt Nachbarn haben muss, ist es eine Gnade, dass es nur einen davon gibt; denn wenn ständig Leute vorbeikommen und mit einem reden wollen, wie soll man dann sein eigenes Leben führen und zur eigenen Zufriedenheit Bücher lesen und Träume träumen? Außerdem gibt es da noch die absolute Gewissheit, dass entweder man selbst oder die vorbeikommende Person etwas sagen wird, das besser ungesagt geblieben wäre, und ich hege eine tiefe Abneigung gegen Klatsch und Intrigen. Die Zunge einer Frau ist eine tödliche Waffe, und nichts auf der Welt ist schwerer im Zaum zu halten, und es gleiten ausgerechnet dann geradezu grässliche Dinge darüber, wenn sie am stillsten sein sollte. In solchen Fällen ist es der einzig sichere Weg, unbeirrt über Köchinnen und Kinder zu sprechen und zu beten, dass der Besuch nicht allzu lange dauern möge, weil man in diesem Fall verloren wäre. Köchinnen haben sich bei mir als das beste aller Gesprächsthemen erwiesen – allein das Wort erweckt selbst Phlegmatikerinnen zum Leben, und die mit ihm verbundenen Freuden und Leiden sind Erfahrungen, die uns alle einen.

Zum Glück sind unser Nachbar und seine Frau sowohl vielbeschäftigt als auch liebenswert; ein ganzer Trupp flachsblonder Kinder hält sie in Atem, neben der Arbeit auf ihrem großen Landgut. Unser gesellschaftlicher Verkehr verläuft in herrlich einfachen Bahnen. Einmal im Jahr statte ich der Nachbarin einen Besuch ab, und sie erwidert den Besuch vierzehn Tage später; im Sommer laden sie uns zum Essen ein, und im Winter laden wir sie zum Essen ein. Indem wir uns strikt daran halten, meiden wir jede Gefahr einer engeren Freundschaft, was nur ein Synonym für häufige Streitereien ist. Sie ist das Musterbeispiel einer deutschen Landedelfrau, und dabei nicht nur hübsch, sondern auch energisch und praktisch veranlagt – diese Kombination ist, gelinde gesagt, effektiv. Sie steht bei Tagesanbruch auf, überwacht die Fütterung der Tiere, das Buttern, das Verladen der Milch für den Verkauf; Tausende von Dingen werden erledigt, während die meisten Leute noch fest schlafen, und bevor die Faulen ihr Frühstück genießen, ist sie in ihrem Ponywagen zu den anderen Höfen auf den Ländereien unterwegs, um die »Mamsellen«, wie die Hauswirtschafterinnen heißen, zu überwachen, in jede Ecke zu spähen, die Topfdeckel anzuheben, die frisch gelegten Eier zu zählen und, wenn nötig, einer achtlosen Milchmagd eine

Ohrfeige zu geben. Wir haben das gesetzliche Recht, unsere Dienstboten mit »geringen Tätlichkeiten« zu züchtigen, wobei es ganz dem individuellen Geschmack überlassen bleibt, was unter »gering« zu verstehen ist. Meine Nachbarin scheint dieses Privileg wirklich zu genießen, jedenfalls schließe ich das aus der Art, wie sie darüber spricht. Ich würde viel darum geben, durch ein Schlüsselloch zu spähen, wenn diese unerschrockene kleine Frau, furchtbar in ihrem Zorn und ihrer Würde, auf Zehenspitzen eine Ohrfeige auf einer strammen Magd platziert, die groß genug wäre, um sie zu fressen.

Die Herstellung von Käse und Butter und Würsten in *herausragend* guter Qualität ist eine Arbeit, die Intelligenz erfordert; meiner Ansicht nach handelt es sich um eine bewundernswerte Tätigkeit, die der Aufmerksamkeit kluger Menschen vollkommen würdig ist. Dass meine Nachbarin intelligent ist, lässt sich sofort am wachen Leuchten ihrer Augen erkennen – nichts entkommt diesen Augen, deren Schönheit noch dadurch gemehrt wird, dass sie für gute Zwecke eingesetzt werden. In weitem Umkreis gilt sie als anerkannte Autorität, was die Geheimnisse der Wurstherstellung, der Kälberhaltung und des Schweineschlachtens angeht; und obwohl sie wegen ihrer zahlreichen Pflichten täglich viele Stunden unterwegs ist, sind ihre Kinder mustergültig gesund und adrett, genau so, wie liebe deutsche Kinderlein sein sollten, mit weißen Zöpfen und furchtlosen Augen und dicken Beinen. Wer möchte behaupten, ein solches Leben sei schäbig und öde, einer höheren Intelligenz unwürdig? Ich protestiere, denn für mich ist es ein schönes Leben, voller gesunder Arbeit im Freien und ohne Raum für jene lustlosen Momente der Depression und Langeweile, in denen man sich fragt, was man als Nächstes tun soll; sie hinterlassen Falten um die Augen einer schönen Frau und sind selbst den strahlendsten Persönlichkeiten nicht unbekannt. Aber auch wenn ich meine Nachbarin bewundere, werde ich dennoch nie in ihre Fußstapfen treten, weil meine Begabungen nicht aus energischem Organisationstalent bestehen, sondern von ganz anderer Art sind – jener Art, die bei ihrer Eigentümerin die beinahe beklagenswerte Neigung weckt, einen Poesieband zur Hand zu nehmen, zu den blühenden Sumpfdotterblumen hinauszuspazieren und sich auf einen Weidenstamm am Bach zu setzen, wo sie das Vorhandensein von allem außer grünen Weiden und stillem Wasser und süßem Windhauch über freundlichen Feldern vollkommen vergisst. Und es würde mich ganz elend stimmen, wenn ich mich mit so widerspenstigen Ohren konfrontiert sähe, dass sie Ohrfeigen bräuchten.

Manchmal dringen Besucherinnen aus größerer Entfernung in meine Einsamkeit ein, und bei diesen Gelegenheiten erkenne ich, wie absolut allein jedes Individuum ist und wie weit weg von seinen Nächsten; und während sie reden (meist über Kinder – vergangene, gegenwärtige und zukünftige), verfalle ich in Staunen über die riesige und unüberbrückbare Kluft, die unsere eigene Seele von der einer Person trennt, die direkt neben uns sitzt. Ich spreche von relativ fremden Menschen: Menschen, die durch die Eigenwilligkeit der Züge gezwungen sind, eine Zeit lang zu bleiben, in deren Gegenwart man nach gemeinsamen Interessen sucht und sich ins eigene Schneckenhaus zurückzieht, sobald man merkt, dass es keine gibt. Dann senkt sich langsam Kälte über mich herab und ich werde jede Minute benommener und sprachloser, und die Kinderlein spüren den Frost in der Luft und ihr Blick wird leer, wenn die Gäste sich wie üblich fragen, nach wem sie geraten sind, wobei sie meist zu dem Schluss kommen, dass das Maikind, eine echte Schönheit, ihrem Vater ähnele und die beiden mehr oder weniger unscheinbaren mir wie aus dem Gesicht geschnitten seien; und obwohl ich dieses Ergebnis schon lange kenne und weiß, dass es kommen wird, deprimiert es mich doch immer wieder, als hörte ich es zum ersten Mal. Die Kinderlein sind sehr klein und friedfertig und lieb, und es ist schlimm, dass sie als Füllstoff für Lücken in der Konversation dienen müssen und ihre Gesichtszüge Stück für Stück seziert werden, um ihre Schwachpunkte zu kritisieren, während sie schüchtern ins Antlitz der Chirurgin lächeln und selbst dieses Lächeln Kommentare über die Form ihrer Münder hervorruft; aber letztendlich kommt das nicht allzu oft vor, und sie gehören zu jenen wenigen Interessen, die ich mit anderen Menschen teile, weil jeder Kinder zu haben scheint. Ein Garten ist, wie ich herausgefunden habe, ganz und gar kein ergiebiges Gesprächsthema, und es ist erstaunlich, wie wenige Menschen ihren wirklich mögen – alle behaupten das, aber man hört schon am Klang ihrer Stimme, wie lau diese Zuneigung ist. Um den Monat Juni herum ist ihr Interesse, genährt von erfreulichen Mengen an Erdbeeren und Rosen, am wärmsten; aber wenn ich darüber nachdenke, kenne ich in dreißig Kilometern Umkreis keinen einzigen Menschen, der den eigenen Garten wirklich mag oder jene versteckten Glücksschätze ausgegraben hätte, die darin verborgen und, wenn nötig unter Tränen, bei gründlicher Suche zu finden sind.

Nach diesen seltenen Besuchen leide ich unter den einzigen depressiven Momenten, die ich je erlebe, und dann bin ich wütend auf mich selbst, weil ich als wohlgenährte Person zulasse, dass auch nur eine kostbare Lebensstunde von etwas so Nichtigem verdorben wird. Das ist das Schlimmste daran, ausreichend genährt, gekleidet und vor Kälte geschützt zu sein und alles zu haben, was wir uns vernünftigerweise wünschen könnten – bei der kleinsten Herausforderung fühlen wir uns unbehaglich und unglücklich, selbst bei so abstrakten Unannehmlichkeiten wie der Unfähigkeit, Zugang zur Seele der eigenen Nächsten zu finden; was ganz offensichtlich närrisch ist, weil sie wahrscheinlich gar keine haben.

Die Nachtviolen sind alle offen. Der Gärtner hat sie in einem Anfall von Inspiration an die Vorderkanten von zwei Beeten gesetzt, und ich weiß nicht, wie er sich jetzt fühlt, wo sie alle blühen und die Pflanzen dahinter komplett verdeckt sind; aber ich habe eine weitere Lektion gelernt, und kein zukünftiger Gärtner wird sich noch einmal so rücksichtslos an meinen Nachtviolen austoben dürfen. Sie sind bezaubernd, in der Farbe ebenso zart wie im Duft, und eine Schale Violen auf meinem Schreibtisch füllt den ganzen Raum mit ihrem Parfüm. Einzelne Reihen sind allerdings ein Fehler; ich hatte sie massenhaft ins Gras gesetzt, und dort zeigte sich, wie wunderhübsch sie sein können. Ein Beet mit Nachtviolen in Violett und Weiß, nichts sonst, müsste sehr schön sein; aber ich weiß nicht, wie lange sie halten oder wie sie nach der Blüte aussehen. Das werde ich wohl in ein, zwei Wochen herausfinden. War jemals eine Möchtegern-Gärtnerin so komplett ihren eigenen Fehlschlägen ausgeliefert wie ich? Zweifellos würde der Garten Jahre vorankommen, wenn ich nicht gezwungen wäre, ausschließlich aus meinen Patzern zu lernen, und irgendein freundliches Wesen hätte, das mir sagt, was wann zu tun ist. Zurzeit sind die einzigen Blumen im Garten die Nachtviolen, die Stiefmütterchen in den Rosenbeeten und zwei Gruppen aus Azaleen und *Rhododendron ponticum.* Beide waren prachtvoll und sind es noch; ich habe sie erst im Frühling gepflanzt, und sie fingen fast sofort an zu blühen, und die geschützte Ecke, in der sie wachsen, sieht aus, als wäre sie mit lebenslang eingesperrten Sonnenuntergängen gefüllt. Orange, Zitronengelb, Rosa in all seinen zarten Schattierungen – wie sie nächstes Jahr und in den folgenden Jahren aussehen werden, kann ich mir an der Art, wie sie ins Leben gestartet sind, ausmalen. An trüben grauen Tagen ist ihre Wirkung absolut verblüffend. Nächsten Herbst werde ich eine große Azaleengruppe vor eine Reihe Kiefern in eine ziemlich trübselige Ecke pflanzen. Meine

Teerosen sind übersät von Knospen, die sich frühestens in einer Woche öffnen werden; daraus schließe ich, dass die hiesige Klimazone nicht zu denen gehört, in denen sie von Anfang Juni bis November blühen, wie sie es angeblich tun.

11. Juli

Seit Pfingstsamstag, fünf Wochen lang, hat es nicht mehr geregnet, was aber nur teilweise erklärt, warum meine Beete eine solche Enttäuschung sind. Der deprimierte Gärtner wurde nach Pfingsten verrückt und musste in eine Anstalt gebracht werden. Er hatte die Gewohnheit entwickelt, mit einem Spaten in der einen und einem Revolver in der anderen Hand herumzulaufen, wobei er erklärte, er fühle sich so sicherer, und wir ertrugen das ganz geduldig, wie es sich für zivilisierte Wesen gehört, die über die kleinen Schwächen ihrer Mitmenschen hinwegsehen, bis er sich eines Tages, als ich ihn bat, eine heruntergefallene Schlingpflanze hochzubinden – seit er den Revolver gekauft hat, spreche ich nur in sanftestem Ton mit ihm und verzichte auch darauf, ihm weiter vorzulesen –, zu mir umdrehte, mir zum ersten Mal, seit er hier arbeitet, direkt in die Augen sah und mich fragte: »Sehe ich aus wie Graf X (eine lokale Berühmtheit) oder wie ein Affe?« Danach blieb uns nichts anderes übrig, als ihn schnellstmöglich in eine Anstalt expedieren zu lassen. Es war kein Gärtner an seiner Stelle zu finden, und ich habe es gerade erst geschafft, einen zu bekommen, sodass der Garten wegen der Dürre und der Vernachlässigung und des verrückten Gärtners und meiner Fehler in einem traurigen Zustand ist; aber selbst in traurigem Zustand ist er der liebenswerteste Ort der Welt, und all meine Fehler lassen mich nur noch entschlossener durchhalten.

Die langen Beete mit den Nachtviolen sehen grauenhaft aus. Die verblühten Violen sind hölzern und braun, genau wie Violen im Konzertsaal, und nichts anderes in diesen Beeten hat diesen Sommer noch vor zu blühen. Der Schlafmohn, den ich im April dort ausgepflanzt hatte, ist teils abgestorben, teils zwergenhaft, genau wie die Akeleien; hier und da lässt ein Rittersporn widerwillig den Kopf hängen, aber das ist alles. Ich nehme an, Mohnblumen mögen es nicht, verpflanzt zu werden, oder vielleicht haben sie nach dem Umpflanzen zu wenig Wasser bekommen. Wie dem auch sei: Morgen wird in diesen Beeten mehr Mohn für nächstes Jahr ausgesät, denn ich möchte Mohn haben, ob es ihm passt oder nicht, und wir werden ihn nicht anrühren, sondern nur ausdünnen.

Es hilft ja nichts, sich zu grämen, also gehe ich einfach hinaus und setze mich unter die Bäume und schaue in den getupften Himmel und sehe die Sonne auf den fernen Kornfeldern in der Ebene, und die ganze Enttäuschung glättet sich; es kommt mir unmöglich vor, traurig und unzufrieden zu sein, wenn alles ringsum so strahlend und freundlich ist.

Heute ist Sonntag, und der Garten ist so still, dass ich, während ich in einer schattigen Ecke sitze und den Schatten zusehe, die träge über das Gras kriechen, und den Saatkrähen zuhöre, die sich in den Baumkronen zanken, fast damit rechne, englische Kirchenglocken zur Nachmittagsmesse läuten zu hören. Aber die Kirche ist fünf Kilometer entfernt und hat weder Glocken noch nachmittägliche Gottesdienste. Alle zwei Wochen gehen wir um elf zur Morgenandacht, sitzen oben in einer Art Privatloge mit einem Raum dahinter, in den wir uns unbeobachtet zurückziehen können, wenn die Predigt zu lang oder unser Fleisch zu schwach ist, und hören, wie der Pfarrer in seinem schwarzen Talar für uns betet. Im Winter ist die Kirche bitterkalt; sie wird nicht beheizt, und wir sitzen in mehr Pelze eingemummelt da, als wir draußen je tragen würden. Aber natürlich wäre es sündig, wenn der Pfarrer Pelz tragen würde, wie kalt ihm auch sein mag, und so zieht er unter seinen Talar ganz viele zusätzliche Jacken an, wodurch sein Leib im Lauf des Winters auf wundersame Weise anschwillt. Wir erkennen das Herannahen des Frühlings daran, dass er wieder schlanker wird. Die Gemeinde sitzt bequem da, während der Pfarrer das Beten für sie erledigt, und solange sie die langgezogenen Choräle vor sich hin brummt, zieht er sich in eine kleine Holzkiste zurück, in die er gerade so hineinpasst. Er kommt erst heraus, wenn er findet, wir hätten genug gesungen, und wir hören nicht auf, bevor uns sein Erscheinen das Zeichen dazu gibt. Ich habe oft darüber nachgedacht, wie furchtbar es wäre, wenn er in seiner Kiste krank würde und uns immer weitersingen ließe. Ich bin sicher, wir würden ohne kirchliche Autorisierung niemals wagen, aufzuhören. Einmal habe ich ihn gefragt, was er da drinnen mache; er sah angesichts einer so profanen Frage sehr schockiert aus und gab eine ausweichende Antwort.

Wenn es den Garten nicht gäbe, wäre der deutsche Sonntag ein grässlicher Tag; aber im Garten gibt es sonntags einen Seufzer der Erleichterung und noch tieferen Frieden, weil niemand fegt oder harkt oder herumzappelt, außer den Blümchen und den flüsternden Bäumen.

In letzter Zeit wurde ich wieder sehr von Besuchen geplagt – keine Stippvisiten, die man nach der pflichtgemäßen Verabreichung von Tee und Dingen, die man hinterher lieber nicht gesagt hätte, wieder los ist, sondern Menschen, die im Haus wohnen und die man gar nicht mehr loswird. Den ganzen Juni habe ich auf diese Weise verloren, und er war vom ersten bis zum letzten Tag ein strahlender Monat der Hitze und Schönheit; aber ein Garten, in dem man Menschen begegnet, die man schon beim Frühstück getroffen hat und beim Mittag- und Abendessen wiedersehen wird, ist kein Ort zum Glücklichsein. Außerdem hatten sie ein besonderes Talent dafür, meine liebsten Sitzplätze zu finden und dort herumzulungern, wenn ich gerade selbst dort lungern wollte, und sie nahmen Bücher aus der Bibliothek mit und ließen sie die ganze Nacht aufgeschlagen und umgedreht liegen, damit sie sich ordentlich mit Tau vollsaugten, obwohl sie wissen könnten, dass Tau Kraftnahrung für Rosen ist, aber Gift für Bücher. Sie gaben mir zu verstehen, dass der Garten längst fertig wäre, wenn sie seine Gestaltung geplant hätten – ich hingegen glaube nicht, dass ein Garten je fertig werden kann. Jetzt sind sie alle weg, dem Himmel sei Dank, bis auf eine, sodass ich ein wenig Zeit zum Atemholen habe, bevor die nächsten kommen. Anscheinend interessiert dieser Ort die Menschen und es hat einen gewissen Neuigkeitswert, sich an einer so verlassenen Ecke der Welt aufzuhalten, denn sie waren ständig leicht belustigt darüber, tatsächlich hier zu sein.

Irais ist als Einzige noch übrig. Sie ist eine junge Frau mit einem schönen, edlen Gesicht, und ihre Augen mit den schmalen, geraden Brauen sind besonders liebenswert. Bei den Mahlzeiten tunkt sie ihr Brot ins Salzfässchen, beißt davon ab und tunkt das angebissene Stück noch einmal ein, obwohl die Vorsehung (in meiner Gestalt) dafür gesorgt hat, dass Salzlöffel in passenden Abständen auf dem Tisch bereitliegen. Ihr heutiges Mittagessen bestand aus Bier, Schweinekoteletts und Krautsalat mit Kümmel, und jetzt höre ich durchs offene Fenster, wie sie mit ihrer anmutigen, gurrenden Stimme ergreifende Melodien improvisiert. Sie ist schlank, zart, intelligent und liebenswert, und das alles bei der gerade beschriebenen Ernährung. Welch besseren Beweis für die Überlegenheit der Teutonen könnte es geben als die Tatsache, dass sie nach solchen Mahlzeiten solche Musik hervorbringen können? Krautsalat ist eine entsetzliche Erfindung, aber ich zweifele nicht an seinem Wert als Mittel zur Förderung des Tiefsinns; auch werde ich ihn nicht kritisieren, solange er so poetische Ergebnisse hervorbringt, ebenso wenig, wie ich den Dung kritisiere, der Rosen hervorbringt, und um Irais zum Singen zu bringen, füttere ich sie jeden Tag damit. Sie hat die süßeste Stimme, die ich je gehört habe, und beherrscht den charmanten Trick, Lieder beim Vortragen zu erfinden.

Wenn sie anfängt, gehe ich zum Fenster, lehne mich hinaus und betrachte, während ich ihrer Musik lausche, erfüllt von angenehmen Gefühlen der Traurigkeit und Wehmut, meine kleinen Freundinnen in den Beeten. Es ist so wonnig, traurig zu sein, wenn man keinen Grund zum Traurigsein hat.

Als ich dies gerade geschrieben hatte, kam das Aprilkind angerannt, die anderen hinterdrein, und führte mir mit flammenden Wangen drei nagelneue Kätzchen vor, mager und blind, die sie in ihrer Schürze trug und die sie gerade mutterlos im Holzschuppen gefunden hatte.

»*Look*«, rief sie atemlos, »ganz ganz viele!«

Ich war froh, dass es diesmal nur um Kätzchen ging, denn sie hatte sich heute Nachmittag schon einmal – mit Absicht, wie sie mir mitteilte – zu meinen Füßen ins Gras gesetzt, um mich über den lieben Gott auszufragen, weil es ein Sonntag war und sich das Gespräch mit dem frommen kleinen Kindermädchen anscheinend um Himmel und Engel gedreht hatte.

Ihre Fragen über den lieben Gott schreibe ich besser nicht auf, und ich war erleichtert, als sie mit den Engeln anfing.

»Was haben die Engels an?«, fragte sie in ihrem Englisch-Deutsch.

»Du hast sie doch schon auf Bildern gesehen«, gab ich zur Antwort, »in schönen langen Kleidern und mit großen weißen Flügeln.«

»Federn?«, fragte sie.

»Ich nehme an – und lange Kleider, ganz weiß und wunderschön.«

»Sind sie *girlies*?«

»Mädchen? J-aa.«

»Kommen *boys* nicht in den Himmel?«

»Doch, natürlich, wenn sie brav sind.«

»Und was haben *die* an?«

»Nun ja, das Gleiche wie die anderen Engel, nehme ich an.«

»*Dresses*?«

Sie begann zu lachen und schaute mich von der Seite an, als hätte sie mich im Verdacht, Witze zu machen. »*Funny Mummy*!«, rief sie, offensichtlich stark belustigt. Sie hat eine fette kleine Lache, die sehr ansteckend wirkt.

»Ich glaube«, sage ich streng, »du solltest jetzt lieber gehen und mit den anderen Kinderlein spielen.«

Sie gab keine Antwort, saß einen Moment lang still da und betrachtete die Wolken. Ich fing wieder an zu schreiben.

»Mummy«, sagte sie dann.

»Ja?«

»Wo bekommen die Engel ihre *dresses* her?«

Ich zögerte. »Vom lieben Gott«, sagte ich.

»Gibt es *shops* im Himmel?«

»Läden? Nein.«

»Aber wo kauft der liebe Gott dann ihre *dresses*?«

»Jetzt sei ein braves Kind und geh; ich habe zu tun.«

»Aber gestern habe ich dich nach dem lieben Gott gefragt und da hast du gesagt, du würdest mir am Sonntag was von ihm erzählen und jetzt *ist* Sonntag. Erzähl mir eine Geschichte von ihm.«

Mir blieb nichts übrig, als zu resignieren, also legte ich mit einem Seufzer meinen Bleistift weg. »Dann ruf die anderen her.«

Sie rannte weg, und bald tauchten die drei aus den Büschen auf, eine nach der anderen, und versuchten, sich alle drei auf meine Knie zu quetschen. Das Aprilkind bekam den Platz auf den Knien, wie sie immer alles zu bekommen scheint, und die beiden anderen mussten sich ins Gras setzen.

Ich fing mit Adam und Eva an, mit Blick auf künftige Prüfungsfragen des Pfarrers. Das Aprilkind riss die Augen immer weiter auf und lief immer röter an. Ich war überrascht von ihrem atemlosen Interesse an der Geschichte – die anderen beiden rupften Grasbüschel aus und hörten kaum zu. Ich war kaum bei den Engeln mit den Flammenschwertern angekommen, als sie herausplatzte: »Jetzt erzähl *ich* dir mal was! Es war einmal Adam und Eva, und sie hatten *jede Menge* Kleider, und es gab *keine* Schlange, und der liebe Gott war *nicht* wütend auf sie, und sie durften so *viele* Äpfel essen, wie sie nur wollten, und sie waren glücklich und zufrieden für *ever and ever* – da hast du's!«

Sie hüpfte trotzig auf meinen Knien auf und ab.

»Aber so geht die Geschichte nicht«, sagte ich ziemlich hilflos.

»Doch, doch! So ist sie viel mehr *nicely*! Jetzt noch eine!«

»Aber diese Geschichten sind *wahr*«, sagte ich streng, »und es hat keinen Sinn, dass ich sie dir erzähle, wenn du sie dir nachher selber ganz neu ausdenkst.«

»Noch eine! Noch eine!«, kreischte sie und hüpfte mit neuer Energie auf und ab, dass die silbernen Locken flogen.

Ich fing von Noah und der Sintflut an.

»Hat es wirklich *so* arg geregnet?«, fragte sie mit einem sehr besorgten und interessierten Gesicht.

»Ja, den ganzen Tag und die ganze Nacht, wochenlang –«

»Und alle sind ganz nass geworden?«

»Ja –«

»Aber warum haben sie nicht ihre *umbrellas* aufgemacht?«

Gerade da sah ich das Kindermädchen mit dem Teetablett herauskommen.

»Den Rest erzähle ich dir ein andermal«, sagte ich und schob sie mit großer Erleichterung von meinem Knie; »jetzt geht ihr alle zu Anna und trinkt euren Tee.«

»Ich mag Anna nicht«, warf das bisher sehr schweigsame Junikind ein, »sie ist ein dummes *girl*.«

Die beiden anderen standen angesichts dieser Bemerkung starr vor Schreck da, denn sie waren nicht nur von Natur aus extrem höflich und stets bemüht, niemandes Gefühle zu verletzen, sondern hatten auch beigebracht bekommen, ihr braves kleines Kindermädchen zu lieben und zu achten.

Das Aprilkind fand die Sprache zuerst wieder und zeigte in berechtigter Empörung mit dem Finger auf die Übeltäterin. »So ein Kind kommt *never* in den Himmel«, sagte sie mit großem Nachdruck und der Miene einer Richterin beim Urteilsspruch.

15. September

Dies ist der Monat der stillen Tage, der roten Rankpflanzen und der Brombeeren, der heiteren Nachmittage im reifen Garten, des Teetrinkens unter den Robinien anstelle der allzu schattigen Buchen, der Kaminfeuer in der Bibliothek an kühlen Abenden. Die Kinderlein gehen nachmittags hinaus und pflücken Brombeeren in den Hecken, die drei Kätzchen, groß und fett geworden, sitzen auf der Verandatreppe und putzen sich, der Zornesmensch schießt Rebhühner auf den fernen Stoppelfeldern, und der Sommer wirkt, als wollte er für immer weiterträumen. Es ist schwer zu glauben, dass wir in drei Monaten wahrscheinlich eingeschneit sein und mit Sicherheit frieren werden. Dieses Septembergefühl erinnert mich an den März und die ersten Apriltage, wenn der Frühling noch auf der Schwelle zögert und der Garten erwartungsvoll den Atem anhält. Die gleiche Milde liegt in der Luft, Himmel und Gras sehen ähnlich aus wie damals; aber das Laub erzählt eine andere Geschichte, und der immer röter leuchtende Wilde Wein am Haus nähert sich schnell seiner letzten und herrlichsten Pracht.

Meine Rosen haben sich im Großen und Ganzen so gut benommen wie erwartet; Viscountess Folkestone und Laurette Messimy waren am schönsten, Letztere sogar das Lieblichste im ganzen Garten: jede Blüte ein erlesenes, lockeres

Büschel aus korallenroten Blütenblättern, an der Basis zu einem gelblichen Weiß verblassend. Ich habe für nächsten Monat hundert Teerosen als Hochstämme zur Pflanzung bestellt, die Hälfte davon Viscountess Folkestone, weil die Teerosen ihre Köpfchen so tief hängen lassen, dass man sich vor den niedrigen Formen hinknien muss, um sie gut zu sehen – und obwohl ich es vollkommen billige, vor solch perfekter Schönheit zu knien, verschmutzt es doch die Kleidung. Deshalb werde ich zu beiden Seiten des Weges unter den Südfenstern Rosenstämmchen setzen lassen, sodass ich die Blüten in perfekter Anbetungshöhe bewundern kann. Meine einzige Sorge ist, dass sie den Winter weniger gut überstehen werden als die niedrigeren, weil es so schwierig ist, sie mollig warm einzupacken. Die Persian Yellows und Kapuzinerrosen zwischen den Teerosen waren, wie ich vorausgeahnt hatte, ein Fehler; sie blühen nur zweimal im Jahr und sehen die restliche Zeit über trist und trübselig aus; außerdem haben die Persian Yellows einen so seltsamen Geruch und zu viele Insekten, die sie anfressen. Ich habe Safrano-Teerosen bestellt, die sie ersetzen sollen; nächsten Monat werden sie alle ausgegraben und als Gruppe ins Gras gepflanzt, und der Halbkreis, der die günstigste Position im ganzen Garten hat und direkt unter den Fenstern liegt, bleibt für meine erlesensten Schätze reserviert. Trotz der vielen Enttäuschungen habe ich das Gefühl, allmählich etwas zu lernen. Demut und hartnäckigstes Durchhaltevermögen scheinen beim Gärtnern fast ebenso unerlässlich zu sein wie Regen und Sonne, und jeden Fehlschlag muss man als Trittstufe zu einer Verbesserung nutzen.

Letzte Woche hatte ich einen Besucher, der sehr viel über Gärten weiß und viel praktische Erfahrung hat. Als ich hörte, dass er käme, wollte ich meinen ganzen Garten in den Arm nehmen und vor ihm verstecken, aber zu meiner Überraschung und meinem Entzücken sagte er, nachdem er sich alles angesehen hatte: »Also, ich finde, Sie haben Wunder vollbracht.« Du liebe Güte, wie beglückt ich war! Das kam vollkommen unerwartet und war etwas ganz Neues nach den Bemerkungen, die ich mir den ganzen Sommer über anhören musste. Ich hätte diesen fachkundigen und nachsichtigen Kritiker umarmen können, der die Absicht hinter dem Ergebnis sah und um die Schwierigkeiten aller Art wusste, die mir im Wege gestanden hatten. Danach schüttete ich ihm mein Herz aus und hörte andächtig alles an, was er zu sagen hatte, und hütete seinen freundlichen, ermutigenden Rat wie einen Schatz und wünschte, er könnte zwölf Monate bleiben und mir durch die Jahreszeiten helfen. Aber er reiste ab, wie es Menschen, die man mag, immer tun, und er war der Einzige unter all meinen Gästen, dessen Aufbruch ich je bedauert habe.

Die Menschen, die ich liebe, sind immer irgendwo anders und können nicht kommen, während ich das Haus jederzeit mit Gästen füllen könnte, die ich kaum kenne und noch weniger mag. Vielleicht würde ich diese Abwesenden, wenn ich sie häufiger sähe, nicht mehr so sehr lieben – zumindest denke ich das an nassen Tagen, wenn der

Sturm ums Haus heult und die ganze Natur von Kummer überwältigt wird; und es ist tatsächlich ein- oder zweimal vorgekommen, dass enge Freundinnen mich besuchten und ich mir bei ihrer Abreise wünschte, sie frühestens in zehn Jahren wiederzusehen. Ich vermute, es ist eine Tatsache, dass keine Freundschaft den Frühstückstest besteht, und hier auf dem Land halten wir es unweigerlich für unsere Pflicht, beim Frühstück zu erscheinen. Auch wenn die Zivilisation die Papilotten abgeschafft hat, ist die Seele einer Hausfrau um diese Zeit so straff gewickelt wie einst die Locken ihrer Großmutter; und mein Körper mag zwar mechanisch die Treppe herunterkommen, von pünktlichen Eltern dazu erzogen, aber meine Seele denkt gar nicht daran, vor der Mittagszeit für andere Menschen aufzuwachen, und tut das erst dann wirklich, wenn sie ins Freie gebracht und an der Sonne gelüftet wurde. Wer kann gleich nach dem Aufwachen konventionelle Liebenswürdigkeit aufbringen? Dies ist die Zeit roher Instinkte und natürlicher Neigungen, der Triumph des Mürrischen und Übellaunigen. Ich bin davon überzeugt, dass die Musen und die Grazien nie auf den Gedanken gekommen wären, irgendwo anders zu frühstücken als im Bett.

11. November

Als das graue Novemberwetter kam und seine weichen dunklen Wolken tief und lückenlos über das Braun der gepflügten Felder und die smaragdgrünen Streifen des Winterweizens hängte, bedrückte die schwere Stille mein Herz und weckte eine einsame Sehnsucht nach den Freuden der Kindheit, nach Gestreicheltwerden und Trost, nach dem warmen Vertrauen in die unfehlbare Weisheit der Älteren. Ein tiefes Anlehnungsbedürfnis ergriff meine Seele, und ein Widerwillen gegen Unabhängigkeit und Verantwortung; und als ich mich in diesem unsteten Zustand nach Trost und Stütze umsah, sandten mich die leere Gegenwart und die offene Zukunft zurück in die Vergangenheit mit all ihren Geistern. Warum sollte ich nicht an den Ort reisen, an dem ich geboren wurde und wo ich so lange gelebt hatte; den Ort, an dem ich so grandios glücklich war, so exquisit verzweifelt, dem Himmel so nahe, der Hölle so nahe, immer entweder auf einer Wolke der Herrlichkeit schwebend oder weit unten in der Tiefe, wo die Wasser der Verzweiflung über mir zusammenschlugen? Dort leben jetzt Anverwandte von mir, entfernte Anverwandte, die mit genau dem Maß an Liebe bedacht werden, das für an unserer Stelle regierende Anverwandte reserviert ist; außerdem praktisch veranlagte Anverwandte, die in den umgegrabenen Beeten, wo einst Rosen blühten, Kohlköpfe gepflanzt haben. Und obwohl ich in all den Jahren seit meines Vaters Tod die Nase so hoch getragen habe, dass ich Kopfschmerzen bekam, und herablassend ihren stets wiederholten Vorschlag überhörte, ich solle meine alte Heimat wieder besuchen, sandte die traurige Lustlosigkeit der Novembertage meinen Geist mit einer Hartnäckigkeit, die sich nicht beiseiteschieben ließ, doch irgendwie zurück zu den alten Zeiten, und beim Erwachen aus meinen Träumereien stellte ich überrascht fest, dass ich krank vor Sehnsucht war.

Es ist närrisch, aber natürlich, mit seinen Anverwandten zu streiten, und ganz besonders natürlich und närrisch, wenn sie nichts verbrochen haben und bloße Opfer des Zufalls sind. Ist es ihre Schuld, dass ich kein Junge war und sie die Chance bekamen, in die eigentlich für mich reservierten Fußstapfen zu treten? Ich weiß, dass dem nicht so ist, aber ihre Schuldlosigkeit mehrt meine Liebe für sie nicht. »Noch ein dummes Frauenzimmer!«, rief mein Vater, als ich auf die Welt kam – er hatte schon drei davon, und ich war seine letzte Hoffnung –, und seitdem bin ich ein dummes Frauenzimmer geblieben, und deshalb habe ich seit Jahren keinen Kontakt zu den Besitzer-Anverwandten, und deshalb überwältigte mich vor einigen Tagen der sanfte Einfluss des Wetters so sehr, dass die rein sentimentale Sehnsucht nach einer Wiederbegegnung mit meiner Kindheit meinen ganzen Stolz zerstreute und mich ohne Voranmeldung und ohne Einladung auf Pilgerschaft sandte.

Ich habe Pilgerreisen immer gemocht, und im Mittelalter hätte ich einen Großteil meiner Lebenszeit auf dem

Weg nach Rom verbracht. Die Pilger ließen alle Probleme zu Hause, die Sorgen um Reichtümer oder Schulden, die ängstliche Ehefrau und die lästigen Kinder; sie nahmen nur ihre Sünden mit, kehrten ihren Verpflichtungen den Rücken und machten sich mit nichts als dieser einen Bürde, und vielleicht einem frohen Herzen, auf den Weg. Wie heiter mein Herz geklopft hätte beim Aufbruch an einem sonnigen Morgen, den Duft des Frühlings in der Nase, gestärkt vom Zuspruch der Zurückbleibenden, begleitet vom frommen Segen meiner Familie, mit jedem Schritt weiter entfernt von den erstickenden Alltagspflichten, hinaus in die frische weite Welt, in die prachtvoll freie Welt, so arm, so reuig und so glücklich! Selbst heute ist es mein Traum, wochenlang zu Fuß unterwegs zu sein, mit einer Freundin, die ich liebe, von Ort zu Ort zu wandern, ohne vorgeplante Route oder festes Ziel, mit der Freiheit, den ganzen Tag zu gehen oder den ganzen Tag zu faulenzen, je nach Laune; aber die Frage des Gepäcks, die der einfache Pilger nicht kennt, war einer der Felsen, an denen meine Pläne Schiffbruch erlitten, und der andere war die verlässliche Missbilligung meiner Verwandten, die – ohne jede Wertschätzung für das Wandern oder für Mittagsschläfchen unter einer Hecke – meine Pläne mit Sicherheit schon im unausgegorenen Stadium lahmlegen würden, mit ehrlich entsetzten Ausrufen wie »Es wäre doch überaus peinlich, wenn dir jemand begegnen würde, den du kennst!« Vor fünfhundert Jahren hätten die Verwandten einfach gesagt: »Wie heilig!«

Mein Vater hatte die gleiche Vorliebe für Wallfahrten – in der Tat ist es offensichtlich, dass ich sie von ihm geerbt habe – und ermutigte mich dazu, als ich noch klein war, indem er mich auf seinen Pilgerreisen zu Orten mitnahm, an denen er als Kind gelebt hatte. Oft waren wir zusammen in der Schule, die er in Brandenburg besucht hatte, und verbrachten angenehme Tage damit, in der alten Stadt herumzuspazieren, am Ufer eines Sees, der zu einer ganzen Kette in einer weiten grünen Ebene gehört; oft pilgerten wir auch nach Potsdam, wo er als Leutnant Quartier bezogen hatte, und zu diesen Potsdam-Reisen gehörten Stunden in den Wäldern ringsum und in den Gärten von Sanssouci, bei denen mein Vater den zweiten Band von Thomas Carlyles *Friedrich der Große* unter dem Arm trug; oft verbrachten wir auch lange Sommertage in dem Haus in der Mark Brandenburg, wo seine Mutter ihre Jugend verbracht hatte und wo wir, obwohl es – wie alles Besitzenswerte – irgendwelchen Anverwandten gehörte, frei herumspazieren durften, weil es leer stand, und auf den tiefen Fensterbänken in Räumen ohne Möbel saßen, wo die gemalten Venusse und Cupidos an der Decke immer noch nutzlos lächelten und ihre überflüssigen Kränze über die Leere hielten. Und während wir dort saßen und rasteten, erzählte mir mein Vater alles, was ihm meine Großmutter hundertmal erzählt hatte, alles, was in jenen fernen Tagen passierte, als sich die Menschen durchs Leben tanzten und sangen und lachten und niemals alt oder bekümmert zu sein schienen.

Einen Steinwurf vom großen eisernen Gartentor entfernt lag und liegt ein Gasthaus, vor dem zwei uralte Linden stehen; dort pflegten wir bei unserer Ankunft zu Mittag zu essen, an einem kleinen Tisch mit einer rot-blau karierten Decke, wo uns Lindenblüten in die Suppe fielen und die Bienen im duftenden Schatten über uns brummten. Während ich dies schreibe, steht ein Bild des Hauses neben mir, in alten Zeiten vom See aus aufgenommen, im Vordergrund ein Boot voller gepuderter Damen in Reifröcken, mit einem Jüngling, der Gitarre spielt. Die Pilgerreisen an diesen Ort mochte ich am liebsten.

Die Geschichten meines Vaters waren manchmal sehr seltsame Geschichten für ein kleines Mädchen; er erzählte sie mir, während wir durch die hallenden Räume wanderten oder uns über die Steinbalustrade am See beugten, um die Fische zu füttern, oder die blassen Hundsrosen von den Hecken pflückten oder in einer schattigen Schilfbucht im Boot lagen, während er rauchte, um die Stechmücken fernzuhalten, aber letztendlich ging es nur darum, von Zeit zu Zeit Traditionen in sparsamen Dosierungen an mich weiterzugeben. Und obwohl er sich aufrichtig bemühte, mit seinen Bemerkungen keinesfalls die für Backfische als angemessen geltende Langweiligkeitsebene zu überschreiten, konnte er seinen Drang, einen dabei zum Lachen zu bringen, nie ganz unterdrücken. Der Ort, an den mich meine jetzige Pilgerreise führen sollte, war dagegen erfüllt von lebendigen, eigenen Erinnerungen an all die verzauberten Lebensjahre zwischen zwei und achtzehn. Wie verzaubert diese Jahre sind, wird mir immer klarer, je älter ich werde. Es gab seitdem nichts auch nur entfernt Ähnliches, und obwohl ich das meiste von dem vergessen habe, was vor sechs Monaten passiert ist, steht mir jedes Ereignis, ja fast jeden Tag jener wunderbar langen Jahre in perfekter Klarheit im Gedächtnis.

Aber ich hatte mich den Besitzern gegenüber halsstarrig, stolz und unfreundlich benommen, insgesamt also ganz und gar wie eine Anverwandte. Die Einladungen, noch einmal mein Elternhaus zu besuchen, waren versiegt. Die Anverwandten hatten meine Absagen satt und ließen mich in Ruhe. Ich wusste nicht einmal, wer inzwischen dort wohnte, weil ich so lange keine Neuigkeiten erhalten hatte. Zwei Tage lang kämpfte ich gegen das heftige Reisefieber an, das mich so plötzlich ergriffen hatte, und redete mir ein, dass ich nicht hinfahren würde, dass das absurd, würdelos, sentimental und albern wäre, dass ich in eine unangenehme Lage käme, weil ich die Leute nicht kannte, und dass ich alt genug sei, um es besser zu wissen. Aber wer kann von einer Stunde zur nächsten vorhersagen, was eine Frau tun wird? Und wann weiß sie es je besser? Am Morgen des dritten Tages machte ich mich auf den Weg, als wäre es das Selbstverständlichste von der Welt, unangemeldet bei zuvor stets vernachlässigten Anverwandten einzufallen, in der Erwartung, mit offenen Armen empfangen zu werden.

Die Reise war kompliziert und dauerte mehrere Stunden. Während der ersten Etappe, als es noch dunkel war, glühte ich vor Begeisterung, vor Abenteuerlust, vor Freude angesichts der Aussicht, den geliebten Ort bald wiederzusehen, und wunderte mich darüber, wie ich so viele Jahre hatte vergehen lassen können, seit ich zum letzten Mal dort war. Darüber, was ich zu den Anverwandten sagen und wie ich mich ihnen als Familienmitglied vorstellen sollte, dachte ich überhaupt nicht nach: Der Pilgergeist hatte mich ergriffen, jener unpraktische Geist, der an gar nichts denkt, sondern einfach in der Freude an den eigenen Gefühlen dahinwandert. Es war ein stiller, trauriger Morgen mit dichtem Nebel. Als ich endlich in der Kleinbahn saß, die in dem meinem Elternhaus nächstgelegenen Dorf hält, hatte ich die erste Begeisterung hinter mir und war in jenes Stadium eingetreten, in dem man die Veränderungen der letzten zehn Jahre kritisch begutachtet. Es war so neblig, dass ich aus dem Abteilfenster nichts von der vertrauten Landschaft erkennen konnte außer den geisterhaften Kiefern in der ersten Reihe; aber schon diese Eisenbahn war eine Neuerung, die es zu unseren Zeiten noch nicht gegeben hatte, als wir zum und vom Bahnhof mehr als fünfzehn Kilometer weit über weiche, sandige Waldwege fahren mussten. Obwohl die meisten Leute sie als offensichtliche und große Verbesserung betrachten würden, war diese Innovation zweifellos dem Eifer und der Energie des regierenden Anverwandten zu verdanken, doch wer war er, dachte ich bei mir, dass er mehr Bequemlichkeit brauchte, als mein Vater je für notwendig erachtet hatte? Es half nichts, wenn ich mir sagte, dass zu meines Vaters Lebzeiten die Ära der Kleinbahnen noch nicht angebrochen war und dass wir, wenn dem so gewesen wäre, sicherlich auch alles getan hätten, um eine zu bekommen; der Gedanke an meinen Anverwandten, der in meine Fußstapfen trat und sie dann veränderte, war mir widerwärtig. Als ich vom Bahnhof aus den Hügel hinaufspazierte, hatte ich auch dieses Gefühl hinter mich gebracht und ein drittes Stadium erreicht, in dem ich mich unbehaglich fragte, was in aller Welt ich als Nächstes tun sollte. Wo war die kühne Unerschrockenheit geblieben, mit der ich aufgebrochen war? Auf dem Gipfel des ersten Hügels setzte ich mich hin, um diese Frage genauer zu bedenken, denn jetzt näherte ich mich schon dem Haus und hatte das Gefühl, mehr Zeit zu brauchen. In der Tat, wo steckten der Mut und die Freude von heute Morgen? Sie waren so komplett verflogen, dass ich nur vermuten konnte, es müsse Mittagessenszeit sein; durch jahrelange Beobachtungen habe ich herausgefunden, dass höhere Gefühle und Tugenden furchtsam flüchten, wenn das Mittagessen herannaht, und zuallererst flieht der Mut. Also aß ich das mitgebrachte Lunch, in der Hoffnung, dass es das wäre, was mir fehlte; aber es war kalt, bestand aus belegten Broten und Birnen und musste unter einem Baum am Feldrain verzehrt werden; und es war November, und der Nebel war dichter denn je und sehr feucht – das Gras war nass, der schüttere Baum war nass, ich war nass und mein Essen war nass. Niemand kann unter solchen Umständen zuversichtlich bleiben, und während ich die durchweichten Brote kaute, wuchs bei jedem Bissen meine Reue über die unbedachte Tollkühnheit, die mich aus meinem warmen, trockenen Heim vertrieben hatte, wo ich geliebt wurde, und mich erst zu dem nassen Baum auf dem nassen Feld geführt hatte und dann, wenn ich mit meinem Lunch und dem Dessert aus kalten Birnen fertig wäre, in einen Kreis unvorbereiteter, erstaunter Anverwandter treiben würde. Riesige Schafe dräuten durch den Dunst, ein paar Meter entfernt. Der Hütehund kläffte unaufhörlich und nervenzerreißend. Im Nebel konnte ich kaum feststellen, wo ich war, obwohl ich wusste, dass ich hier als Kind hundertmal gespielt haben musste. Wie es die Art der Frauen ist, wenn sie sich nicht vollkommen warm und vollkommen behaglich fühlen, begann ich über die Unwägbarkeiten des menschlichen Lebens nachzugrübeln und den Kopf in trübseliger Billigung zu wiegen, während in meinem Geist schwermütige Zeilen pessimistischer Poesie aufstiegen.

Nun ist es sicherlich ein wünschenswerter Plan, etwas, das man tun möchte, auf die durch Brauch und Herkommen geheiligte Weise zu tun, insbesondere, wenn man eine Frau ist. Das Rattern einer Kutsche auf der Straße direkt hinter mir und die Tatsache, dass ich hochschreckte und mir heiß wurde, führte mir diese Wahrheit vor Augen. Der Nebel versteckte mich, und so fuhr die Kutsche, zweifellos voller Anverwandter, weiter auf das Haus zu; aber in welch einer absurden Lage befand ich mich! Angenommen, der Nebel hätte sich gelüftet und mich enthüllt, wie ich in der Nässe auf ihrem Land picknickte, mich, die Anverwandte der kurzen und hochmütigen Briefe, die unangenehme Elisabeth! »Die war doch immer verdreht«, hörte ich sie im

Geiste einander zuraunen, bevor sie mir entgegenkamen und dabei ein gastfreundliches Lächeln aufsetzten. Dass ich so knapp entkommen war, versetzte mir einen großen Schock, und ich stand schnell auf, begrub die Reste meines Essens unter dem riesigen Maulwurfshaufen, auf dem ich gesessen hatte, und fragte mich nervös, was ich als Nächstes tun sollte. Zurück ins Dorf gehen, im Gasthof einen Brief mit der Bitte um Besuchserlaubnis an meine Anverwandten schreiben und dort auf Antwort warten? Das wäre eine diskrete und besonnene Vorgehensweise; fast ebenso gut, als wenn ich vor der Abreise einen Brief von zu Hause aus geschrieben hätte. Aber der Gasthof eines norddeutschen Dorfes ist ein grässlicher Ort, und die Erinnerung an einen, in dem ich einst Zuflucht vor einem Gewitter gesucht hatte, war noch so lebhaft, dass sich meine ganze Natur gegen diesen Plan auflehnte. Der Nebel wurde sogar noch dichter. Ich kannte hier jeden Weg und jedes Tor. Was wäre, wenn ich jede Hoffnung auf ein Betreten des Hauses aufgäbe und durch das Törchen in der Mauer von unten in den Garten ginge und mich für dieses Mal darauf beschränkte? Bei diesem Wetter könnte ich nach Belieben herumspazieren, ohne Gefahr zu laufen, von irgendwelchen Anverwandten gesehen oder gar angesprochen zu werden, und schließlich lag mir der Garten am meisten am Herzen. Welche Freude wäre es, unbeobachtet hineinzuschleichen und all die Ecken wiederzusehen, an die ich mich so gut erinnern konnte, und wieder hinauszuschlüpfen und in Sicherheit zu sein, ohne jede Notwendigkeit von Erklärungen, Zusicherungen, Protesten, Zuneigungsbeweisen – in einem Wort: ohne jene ermüdende, von Verwandten so geliebte Form der Konversation, die man Floskeln nennt!

Der Nebel führte mich in Versuchung. Ich glaube, bei schönem Wetter wäre ich ganz vernünftig in den Gasthof gegangen und hätte einen Versöhnungsbrief geschrieben; aber die Verlockung war zu groß, geradezu unwiderstehlich, und innerhalb von zehn Minuten hatte ich das Törchen gefunden, unter einigen Schwierigkeiten geöffnet und stand mit klopfendem Herzen im Garten meiner Kindheit.

Heute frage ich mich, ob mir je wieder so starke Schauer über den Rücken laufen werden wie in jenem Moment. Zunächst einmal beging ich Hausfriedensbruch, was an sich schon aufregend ist, aber noch viel aufregender, wenn man den Frieden eines Hauses bricht, das ebenso gut das eigene hätte sein können und tatsächlich jahrelang das eigene war, und wenn man in der tödlichen Gefahr schwebt, die rechtmäßigen Besitzer, denen man noch nie begegnet ist und mit denen man sich gestritten hat, um die Ecke biegen und sich der furchtbaren Höflichkeit ihrer Frage ausgesetzt zu sehen: »Ich glaube, ich hatte noch nicht das Vergnügen – ?« Der Ort war unverändert. Ich stand im gleichen mysteriösen Gewirr feuchter, schmaler Pfade, das immer genau dort gewesen war; sie schlängelten sich auf beiden Seiten ins Gebüsch, mit frischen braunen Fußspuren in der Mitte ihrer grünen Bänder, genau wie zu meiner Zeit. Die wuchernden Fliederbüsche schlossen sich immer noch über meinem Kopf. Die Feuchtigkeit tropfte vom gleichen Mauervorsprung auf die durchweichten Blätter darunter, wie sie es in all den längst vergangenen Novembermonaten getan hatte. Dieser Ort, dieser feuchte und finstere Dschungel, hatte mir und nur mir gehört. Niemand kam je hierher, denn im Winter war er zu trist und im Sommer so voller Stechmücken, dass nur ein Backfisch, der sich nicht um Pusteln scherte, sie ertragen konnte. Aber es war ein Ort, an dem ich unbeobachtet spielen und ungestört stundenlang auf- und abgehen und Luftschlösser bauen konnte. In einer dunklen Ecke gab es eine modrige kleine Laube, stark frequentiert von großen schwarzen Nacktschnecken, in der ich herrliche Nachmittage damit verbrachte, Pläne zu schmieden. Ich schmiedete ständig Pläne, und was machte es schon, wenn nichts aus ihnen wurde? Schon das Erdenken war ein Vergnügen. Für mich war diese abgelegene Ecke immer ein Ort voller Wunder und Rätsel, wo meine Luftschlösser in strahlenden Reihen nebeneinander standen und mir die seltsamsten und herrlichsten Abenteuer zustießen; denn die Stunden, die ich dort verbrachte, und die Menschen, die ich dort traf, waren allesamt verzaubert.

Während ich so stand und mich mit glücklichen Augen umsah, vergaß ich die Existenz der Anverwandten vollkommen. Ich hätte vor Freude weinen können, wieder dort zu sein. Dies war das Zuhause meiner Vorväter, und es wäre mein Zuhause geworden, wenn ich ein Junge gewesen wäre; bis heute war es mein, durch tausend zärtliche und glückliche und traurige Assoziationen, die sich die Besitzer nicht träumen ließen. Sie waren die Bewohner, aber es war mein Zuhause. Ich legte meine Arme um den Stamm einer klatschnassen Tanne, deren Äste ich allesamt in Erinnerung hatte – war ich nicht unzählige Male hinaufgeklettert und heruntergefallen und zerschrammt und zerkratzt worden? –, und ich gab ihr einen so herzhaften Kuss, dass meine Nase und mein Kinn zu einem einzigen schmierig grünen Fleck wurden, was mich nicht störte. Im Gegenteil, es erfüllte mich mit einer unbekümmerten, backfischhaften Freude am Dreckigsein, einem herrlichen Gefühl, das ich seit Jahren nicht empfunden hatte. Alice im Wunderland kann beim Austrinken der Zauberflasche nicht so schlagartig kleiner geworden sein wie ich beim Durchschreiten des Zaubertörchens jünger. Allerdings halten sich schlechte Gewohnheiten so hartnäckig, dass ich mechanisch mein Taschentuch herauszog und anfing, den Willkommensfleck abzurubbeln – etwas, woran ich in den glorreichen alten Tagen nicht im Traum gedacht hätte; aber der künstliche Veilchenduft, der an dem Tüchlein klebte, brachte mich zur Besinnung, und in einem plötzlichen Anfall von Verachtung, jener Verachtung für Parfüm, die jeder ehrliche Backfisch hegt, knüllte ich es zu einem Ball und warf es ins Gebüsch, wo es, so wage ich zu vermuten, heute noch liegt. »Weg mit dir«, rief ich, »weg mit dir, du Symbol der Konventionen, der Sklaverei, der Anpassung an die Gefallsucht – weg mit dir, du widerlicher spitzenumsäumter Lappen!« Und ich war in den letzten

Minuten so viel jünger geworden, dass ich mir nicht einmal lächerlich vorkam.

Als Backfisch hatte ich nie Taschentücher benutzt – ein Kind der Natur hat fürs Naseputzen nur Verachtung übrig –, allerdings bestand meine Gouvernante aus Anstandsgründen darauf, mir zumindest sonntags ein sauberes von riesigen Ausmaßen und störrischer Beschaffenheit in die Hand zu drücken. Ich verstaute es ungefaltet in der entlegensten Tiefe meiner Tasche, wo es allmählich von deren sonstigem Inhalt, der aus Messern bestand, schön kompakt zusammengepresst wurde. Jeden Sonntag wurde es ans Licht befördert, um Platz für seinen Nachfolger zu schaffen, und nachdem es offensichtlich vollkommen sauber war, vereinbarten wir nach einer Weile, dass es nur am ersten und dritten Sonntag eines Monats gewechselt werden sollte; allerdings musste ich versprechen, es an den anderen beiden Sonntagen zu wenden. Meine Gouvernante sagte, dass die Außenkanten durch den bloßen Kontakt mit den anderen Sachen in meiner Tasche dreckig würden, dass Besucher die schmutzige Seite sehen könnten, falls ich meine Nase in ihrer Gegenwart mit einem ungewendeten Tuch putzen sollte, und dass man nicht das Recht habe, Besucher zu schockieren. »Aber ich will doch gar nicht –«, begann ich eilfertig. »Unsinn«, unterbrach mich meine Gouvernante barsch.

Nachdem der erste Freudentaumel, wieder hier zu sein, verflogen war, jagte mir die tiefe Stille des tropfenden kleinen Wäldchens Angst ein. Es war so still, dass ich nicht wagte, mich zu bewegen; so still, dass ich die Tropfen zählen konnte, die von der nassen Wand herabfielen; so still, dass ich, wenn ich den Atem anhielt, um zu lauschen, mein eigenes Herz betäubend laut hämmern hörte. Ich machte einen Schritt in die Richtung, in der ich die Laube vermutete, und das Rascheln und Klimpern meiner Kleidung ließ mich schreckerfüllt erstarren. Das Haus war nur zweihundert Meter entfernt; falls jemand in der Nähe sein sollte, war der Lärm, den ich mit dem quietschenden Törchen und dem törichten Beschimpfen meines Taschentuchs verursacht hatte, bestimmt schon bemerkt worden. Angenommen, ein neugieriger Gärtner oder ruheloser Anverwandter lauerte bereits im Nebel, um mich zu überwältigen? Angenommen, Fräulein Wundermacher stürzte sich plötzlich von hinten auf mich, nachdem sie sich lautlos in ihren Galoschen genähert hatte, und zerstörte meine Luftschlösser mit ihrem üblichen triumphalen »Jetzt halte ich dich aber fest!«? Aber was dachte ich mir da? Fräulein Wundermacher, umfangreich und herrisch, jeglichen Tagträumen abgeneigt, allem Praktischen hold und der Behaglichkeit zugetan, war vor langer Zeit gestorben und durch andere ersetzt worden, mal Deutsche, mal Engländerinnen und hin und wieder auch Französinnen, und auch sie waren mittlerweile verschwunden und ich stand hier, als einsames Gespenst. »Komm schon, Elizabeth«, sagte ich ungeduldig zu mir selbst, »wirst du tatsächlich sentimental, was deine Gouvernanten angeht? Wenn du dich für ein Gespenst hältst, sei froh, dass du wenigstens ein einsames

Gespenst bist. Möchtest du, dass sich die Geister all der armen Frauen, die du gequält hast, an diesem düsteren Ort gegen dich erheben? Und hast du vor, hier stehen zu bleiben, bis du erwischt wirst?« So trieb ich mich selbst an, denn ich erkannte, welches Risiko das Herumtrödeln barg, und ich schlug den schmalen Pfad zur Laube und zum Hauptteil des Gartens ein, wobei ich tatsächlich auf Zehenspitzen ging, sehr beunruhigt vom Rascheln meiner Unterröcke, aber fest entschlossen, das zu sehen, wofür ich gekommen war, und mich nicht von Gespenstern abschrecken zu lassen.

Wie bedauernd dachte ich in jenem Moment an die Unterröcke meiner Jugend zurück, die so kurz, so leise und so wollig gewesen waren! Und wie praktisch waren die Stoffschuhe mit den Gummisohlen, um geräuschlos herumzuschleichen! Ihnen war es zu danken, dass ich immer schnell und unbemerkt in meine Verstecke rennen konnte, um dort den Rufen zu lauschen, die durch den Garten schallten: »*Elizabeth! Elizabeth! Come in at once for your lessons!*« Oder, in einer anderen Phase: »*Où êtes-vous donc, petite sotte?*« Oder, in einer weiteren: »Warte nur, wenn ich dich erst habe!« Wenn die Stimmen um eine Ecke bogen, flitzte ich in meiner lautlosen Kleidung um die nächste, und nur Fräulein Wundermacher, eine findige Person, entdeckte, dass sie nichts weiter brauchte als Galoschen, um mich erfolgreich abzufangen. Sie kaufte ein Paar, verschwendete ihren Atem nicht darauf, mich zu rufen, sondern näherte sich lautlos, während ich mich in falscher Sicherheit wiegte, versunken in die Betrachtung eines Eichhörnchens oder Rotkehlchens, und packte mich dann von hinten an den Schultern, was zu einer beklagenswerten Zerrüttung meiner Nerven führte. Während ich mich durch den Nebel stahl, drehte ich mich ein- oder zweimal unbehaglich um, weil diese ungute Erinnerung so lebhaft war, und versuchte vergebens, mich dadurch zu beruhigen, dass ich mit der Hand jenes gelockte, gewundene Elaborat berührte, das meine Zofen »Frisur« nennen und das die Kluft zwischen Gegenwart und Vergangenheit markiert; denn es war ein- oder zweimal vorgekommen – als Erinnerung ebenso schrecklich wie als Erzählung –, dass Fräulein Wundermacher, um zu verhindern, dass ich ihrem Griff entglitt, just in dem Moment, als ich wegspringen wollte ins Gebüsch, tatsächlich den langen Zopf packte, dessen anderes Ende mit mir verbunden war und dessen englischer Name angeblich *pigtail* lautete; an diesem langen Schweineschwanz aus Haar hatte sie mich festgehalten und triumphierend nach Hause geführt, wobei sie mit einem breiten, außerordentlich befriedigten Lächeln murmelte: »Diesmal wirst du mir aber nicht entschlüpfen!« Fräulein Wundermacher musste, so dachte ich im Rückblick, Humor gehabt haben. Mit Sicherheit war sie eine kluge und kompetente Frau. Aber in diesem Moment wünschte ich mir, sie würde mich nicht so beharrlich heimsuchen und ich könnte das Gefühl abschütteln, dass sie in ihren Galoschen direkt hinter mir herschlich, die Hand schon ausgestreckt, um mich zu packen.

Als ich an der Laube vorbeikam und in ihre feuchten Tiefen spähte, fuhr ich zurück, und das Herz schlug mir bis zum Hals. Ich glaubte, meines Großvaters strenge Augen in der Dunkelheit leuchten zu sehen. Offensichtlich hatte meine Angst, von den Anverwandten erwischt zu werden, meine Nerven ziemlich zerrüttet, denn ich neige von Natur aus nicht dazu, Augen zu sehen, wo keine Augen sind. »Sei nicht albern, Elizabeth«, murmelte meine Seele mit eher schwacher Stimme, »geh rein und sieh nach.« »Aber ich will nicht reingehen und nachsehen«, wandte ich ein. Doch ich ging hinein, mit demonstrativ herausgekehrtem Mut, und die Augen verschwanden zum Glück. Was ich andernfalls getan hätte, kann ich mir ganz und gar nicht vorstellen. Gespenster sind etwas, das mich bei Tag amüsiert und bei Nacht ängstigt, aber ich glaube, wenn ich je einem begegnen würde, müsste ich sterben. Die Laube war mittlerweile völlig verwahrlost und befand sich im letzten Stadium des Vermoderns. Mein Großvater hatte sie erbauen lassen, und wie andere Gebäude genoss sie eine Blütezeit, bevor sie der Verwüstung durch Nacktschnecken und Kinder preisgegeben wurde; damals kam er im Sommer jeden Nachmittag her, um seinen Kaffee zu trinken und seine *Kreuzzeitung* zu lesen und zu dösen, während wir anderen auf Zehenspitzen umherschlichen und nur die Vögel es wagten, zu singen. Selbst die Stechmücken, von denen dieser Ort verseucht war, hatten Ehrfurcht vor ihm; jedenfalls stachen sie ihn nie, woraus ich natürlich schloss, dass er sich derlei Vertraulichkeiten verbeten hatte. Obwohl ich nach seinem Tod noch viele Jahre lang in der Laube gespielt hatte, übersprang mein Gedächtnis sie alle und wanderte zurück zu den Tagen, in denen sie ausschließlich ihm gehörte. Ich stand an der Stelle, wo sein Sessel gestanden hatte, und spürte, wie gut ich ihn durch die Eindrücke, die er in meinem kindlichen Geist hinterlassen hatte, heute noch kannte, obwohl sie mir über zwanzig Jahre lang nicht bewusst gewesen waren. Niemand hatte mir von ihm erzählt, und er starb, als ich sechs war, und dennoch habe ich ihn in den letzten ein, zwei Jahren dank jenes seltsamen Spätsommers der Erinnerung, der uns in der Mußezeit des Nachdenkens nach der Geburt der Kinder befällt, ganz genau kennengelernt. Für Erwachsene, und insbesondere für Eltern, ist es ein ziemlich ungemütlicher Gedanke, allerdings ein heilsamer und hemmender, dass Kinder vielleicht nicht verstehen, was in ihrer Gegenwart gesagt und getan wird, oder in jenem Moment kein Interesse daran haben, dass aber die Dinge, die sie gesehen und gehört und bemerkt haben, sofort und jahrelang in Vergessenheit geraten können und sich doch für immer in ihren Geist einprägen; später, wenn sie erwachsene Männer und Frauen sind, melden sie sich mit überraschender und oft schmerzhafter Schärfe zurück und schlagen die liebgewordenen kleinen Illusionen scharenweise in die Flucht.

Ich habe meinen Großvater schrecklich verehrt. Er tätschelte nie und runzelte oft die Stirn, und solche Menschen werden generell verehrt. Außerdem war er ein gerechter Mann, wie alle sagten; ein gerechter Mann, der ein großer Mann geworden wäre und sich in fast jede Höhe weltlichen

Ruhms emporgeschwungen hätte, wenn er nur gewollt hätte. Dass er sich dagegen entschieden hatte, galt als überzeugender Beweis für seine Größe; denn er war einfach zu groß, um im vulgären Sinne groß zu sein, und gab sich hinter einer würdevollen Fassade den Anschein, sein Potenzial lieber im Privaten zu belassen. Das war jedenfalls, während die Zeit verging und er nichts tat, die Überzeugung der einfachen Leute in seiner Umgebung. Die Leute müssen an jemanden glauben, und nachdem sie ihr Vertrauen in meinen Großvater gesetzt hatten, als er im vielversprechenden Alter um die dreißig war, schien es am bequemsten, es dort zu belassen. Großvater prägte unser Familienleben, bis ich sechs war, und achtete darauf, dass wir uns alle benahmen; dann starb er, und wir waren alle glücklich, dass er in den Himmel kam. Er war ein guter Deutscher (und wenn die Deutschen gut sind, sind sie sehr gut), der sich an die zehn Gebote hielt, die Regierung wählte, preisgekrönte Kartoffeln und zahllose Schafe züchtete, einmal jährlich mit einer ganzen Wagenkolonne die Wolle nach Berlin fuhr, um sie beim jährlichen Wollmarkt zu verkaufen, sich ein paar Tage auf seine nüchterne Weise vergnügte, einen Großteil des Erlöses mit nach Hause brachte, so oft wie möglich jagte, seinen Freunden half, seine Kinder strafte, die Bibel las, seine Gebete sprach und aufrichtig erstaunt war, als seine Frau affektierterweise an gebrochenem Herzen starb. Ich möchte nicht vorgeben, dieses Verhalten erklären zu können. Sie hätte natürlich glücklich sein müssen, einen so guten Mann zu haben; aber gute Männer können manchmal bedrückend sein, und einen im Haus zu haben und Tag für Tag im blendenden Glanz seiner Güte zu leben, muss eine enorme Aufgabe sein. Nachdem sie ihm sieben Söhne und drei Töchter geschenkt hatte, starb meine Großmutter daher in der beschriebenen Weise und lieferte damit, wie mein Großvater sagte, einen weiteren und sehr seltsamen Beweis dafür, dass man sich bei Frauen seiner Sache nie sicher sein kann. Der Vorfall entschwand schneller aus seinem Gedächtnis, als es sonst der Fall gewesen wäre, weil er zeitgleich mit der Züchtung einer neuen Kartoffelsorte stattfand, auf die er zu Recht stolz war. Er taufte sie »Trost in Trauer« und zitierte den Bibelspruch »Auge um Auge, Zahn um Zahn«, woraufhin er den Tod seiner Frau nie wieder erwähnte. In seinen letzten Jahren, in denen mein Vater das Landgut verwaltete und mein Großvater nur bei uns wohnte und an allem herumkrittelte, erwarb er den Ruf eines Orakels. Die Nachbarn schickten ihm ihre Söhne, wann immer eine wichtige Phase in deren Leben begann, und er empfing sie in ebendieser Laube, wo er wort- und detailreiche Ratschläge erteilte, mit seiner tiefen Stimme, die durchs Gebüsch rollte und mich beim Spielen mit vagen Schuldgefühlen erfüllte. Während ich unter den Sträuchern saß und aus Furcht, ihn zu stören, nur halblaut spielte, dachte ich, er läse vor; so unaufhörlich war die Monotonie dieses majestätischen Rollens. Die jungen Männer tauchten stets schweißgebadet und voller Mückenstiche wieder auf und sahen verwirrt aus; doch sobald der Eindruck, den die Sprache und Gegenwart meines Großvaters hinterlassen hatten, wieder abklang, vergaßen sie alles, was er gesagt hatte, mit gesunder Schnelligkeit und machten sich an die interessante und notwendige Arbeit, ihre eigenen Erfahrungen zu sammeln. Einmal passierte allerdings etwas Schreckliches, dessen unmittelbare Folge das Ende der langen, engen Freundschaft zwischen uns und unserem nächsten Nachbarn war. Sein Sohn war zur Laube gebracht und wie üblich dort allein gelassen worden, und er musste entweder in der kritischen halben Stunde nach dem Kaffee und vor der *Kreuzzeitung* angekommen sein, in der mein Großvater für gewöhnlich schlief, oder er war mutiger als die anderen und versuchte zu sprechen, denn ich hörte, als ich wie üblich in der Nähe spielte, ganz kurz meines Großvaters Stimme mit einer Lautstärke, die mich im Spiel innehalten und erbeben ließ, in kontrolliertem Ärger sagen: »Hebe dich weg von mir, Sohn des Satans!« Das war der einzige Ratschlag, den dieser spezielle junge Mann bekam, und er nahm ihn eilig an, denn er tauchte durch die Büsche auf, und obwohl sein Gesicht leichenblass aussah, war da ein seltsames Zucken um seine Mundwinkel, das mich beruhigte.

Dies muss in der letzten Lebensphase meines Großvaters geschehen sein, denn fast direkt danach, so kommt es mir heute vor, starb er, was er nicht hätte tun müssen, denn er aß Krebse, die er noch nie vertragen hatte, trotz der Warnung seines Arztes, dass er mit Sicherheit sterben werde, wenn er das tue. »Was? Ich soll mich von Krebsen bezwingen lassen?«, fragte er den Arzt empört; denn er liebte sie nicht nur von ganzem Herzen, sondern war auch noch nie von irgendetwas bezwungen worden. »Nun ja, das ist ein allzu ungleicher Kampf – ich bitte Sie, versuchen Sie es nicht noch einmal«, antwortete der Arzt. Aber mein Großvater bestellte noch am gleichen Abend Krebse zum Abendessen und setzte sich mit den glänzenden Augen eines Menschen zu Tisch, der entschlossen ist, zu siegen oder zu sterben, und die Krebse siegten, und er starb. »Er war ein gerechter Mann«, sagten die Nachbarn, bis auf den nächsten Nachbarn, seinen ehemaligen besten Freund, »und er hätte ein großer Mann sein können, wenn er gewollt hätte.« Sie begruben ihn mit tiefem Respekt, und die Sonne brach plötzlich in unser heimisches Leben herein, und die Vögel waren nicht mehr die einzigen Lebewesen, die sangen, und die Laube sank vom Tempel delphischer Äußerungen herab zur Heimstatt von Nacktschnecken.

Über die Seltsamkeit des Lebens nachgrübelnd und den unausweichlich eintretenden Triumph des Unbedeutenden und Kleinen über das Bedeutsame und Große, in diesem Fall verdeutlicht durch den einfachen Austausch von Großvätern durch Nacktschnecken in der Laube, ging ich langsam um die nächste Biegung und kam auf dem breiten Weg auf der Südseite der hohen Mauer an, die den Blumenvom Küchengarten trennte; in dieser geschützten Lage hatte mein Vater seine erlesensten Blumen gepflanzt. Hier hatten die Anverwandten sich zu schaffen gemacht, und all die Kletterrosen, die einst die Mauer mit ihrer Schönheit bekleidet hatten, waren weg, und ein paar überaus ordentliche Obstbäume, in regelmäßigen Abständen an Spalieren befestigt, regierten an ihrer Stelle. Offensichtlich hatten die Anverwandten den Wert dieser warmen Stelle erkannt, denn im Beet darunter, das zu meines Vaters Zeiten im November voller Goldlack war, der den Weg im Frühling mit seinem Duft erfüllen sollte, wuchs eine üppige Menge – ich beugte mich hinunter, um sicherzugehen –, ja, eine üppige Menge an Rettichen. Beim Anblick dieser Rettiche stiegen mir Tränen in die Augen; das war vermutlich das einzige Mal, dass Rettiche jemanden zum Weinen gebracht haben. Mein wunderbarer Vater, den ich so leidenschaftlich liebte, hatte seinerseits dieses spezielle Beet leidenschaftlich geliebt und die freien Augenblicke seines fleißigen Lebens damit verbracht, sich an den dort wachsenden Blumen zu erfreuen. Er selbst hatte nicht die Zeit, sich näher mit den Freuden des Gärtnerns zu befassen, als die zu verwendenden Pflanzen festzulegen, aber er fand Erholung von der Tagesarbeit, wenn er hier auf und ab spazierte oder sich so dicht wie möglich neben die Blumen setzte, um zu rauchen. »Es ist die reinste unter den menschlichen Vergnügungen, die größte Erfrischung für den Geist des Menschen«, pflegte er zu zitieren (er las noch anderes außer der *Kreuzzeitung*) und schaute sich befriedigt um, wenn er nach einem heißen Tag auf den Feldern diese duftende Zuflucht erreicht hatte. Nun, das sahen die Anverwandten nicht so. Ihre weniger versponnene und dafür vernünftigere Haltung, wie sie wahrscheinlich sagen würden, war schlicht, dass man Blumen nicht essen kann. Ihr Geist benötigte keine Stärkung, ihre Körper aber sehr viel, und daher waren Rettiche kostbarer als Goldlack. Auch meine Jugend verlief nicht ohne Rettiche, aber sie wurden dezent in abgeschiedenen Ecken des Gemüsegartens und alten Gurkenbeeten angebaut und hätten niemals die Erlaubnis bekommen, sich zwischen den Blumen auszubreiten. Und nur weil ich kein Junge gewesen war, entweihten sie diese einst so schöne Stelle! Ach, es war ein entsetzliches Unglück, nicht als Junge geboren zu sein! Und wie traurig und einsam es doch in diesem geisterhaften Garten war! Das Rettichbeet und das, wofür es stand, hatten meine anfängliche Freude in Kummer verwandelt. Dieser Weg und das Beet erinnerten mich zu sehr an meinen Vater und alles, was er für mich gewesen war. Was ich Gutes wusste, hatte er mich gelehrt, und was ich an Glück empfand, erlebte ich durch ihn. Nur ein einziges Mal in all den Jahren, die wir zusammen erlebten, waren wir unterschiedlicher Meinung und zerstritten; das war die einzige Gelegenheit, bei der ich ihn je als streng erlebte. Ich war vier Jahre alt und bestand eines Sonntags darauf, mitzukommen in die Kirche. Mein Vater sagte nein, denn ich war noch nie in der Kirche gewesen und deutsche Gottesdienste sind lang und ermüdend. Ich flehte. Er sagte wieder nein. Ich flehte noch einmal, und zeigte eine derart fromme Neigung und eine so aufrichtige Entschlossenheit, brav zu sein, dass er nachgab und wir uns glücklich und zufrieden Hand in Hand auf den Weg machten. »Denk daran, Elizabeth«, sagte er an der Kirchentür und wandte sich mir zu, »du kannst nicht mittendrin wieder hinausgehen. Du wolltest unbedingt mit, und nun wirst du geduldig bis zum Ende sitzen bleiben.« »Oh ja, oh ja«, versprach ich eifrig und ging hinein, von heiligem Feuer erfüllt. Die Kürze meiner Beine, die zwei Stunden lang hilflos zwischen Bank und Boden hingen, war die Waffe, die sich Satan zu meiner Vernichtung ausgesucht hatte. In deutschen Kirchen kniet man nicht und steht nur selten, sondern sitzt fast die ganze Zeit sehr bequem da, um zu beten und zu singen. Wenn man vier Jahre alt ist, wird diese gleichbleibende Haltung aber schnell zur Folter. Unbekannte und fürchterliche Dinge gehen dann in den Beinen vor sich, ein seltsames Prickeln und Kribbeln und hinauf- und hinunterlaufende Stiche, eine plötzliche, erschreckende Taubheit, bei der man denkt, sie müssten abgefallen sein, und nicht nachzusehen wagt, dann ein erneutes, noch heftigeres Stechen und Piksen und Brennen. Ich dachte, ich sei sehr krank, denn ich hatte meine Beine noch nie so erlebt. Mein Vater saß neben mir und war in das Singen eines Chorals vertieft, der offensichtlich nie enden würde; jede Strophe endete mit einem in die Länge gezogenen Halleluja, worauf die Orgel hundert Jahre lang ganz allein spielte – nach der Uhr des Organisten, die falsch ging, waren es genau zwei Minuten – und dann die nächste Strophe begann. Mein Vater achtete als Schutzpatron der Lebenden darauf, mit vorbildlicher Aufmerksamkeit zu singen und zu beten und der Predigt zu lauschen, im Bewusstsein, dass aller Augen in der kleinen Kirche auf unsere Bank gerichtet waren, und anfangs versuchte ich es ihm gleichzutun; aber das Benehmen meiner Beine wurde so beängstigend, dass ich, nachdem ich ihm vergebens flehentliche Blicke zugeworfen hatte und er ungerührt weitersang, meine Hand ausstreckte und ihn am Ärmel zupfte.

»Hal-le-lu-ja«, sang mein Vater entschlossen, und fuhr mit leiser Stimme und unbewegtem Gesicht fort, wobei sich seine Lippen kaum bewegten und sein Blick abwesend auf die Decke gerichtet blieb, bis der Organist, der gleichzeitig der Briefträger war, sein Solo beendet hatte: »Habe ich dir nicht gesagt, du sollst stillsitzen, Elizabeth?«

»Ja, aber –«

»Dann sitz jetzt still.«

»Aber ich will nach Hause.«

»Unsinn.« Und als die nächste Strophe begann, sang mein Vater lauter denn je. Was sollte ich tun? Anfangen zu weinen? Ich bekam allmählich Angst, dass ich auf dieser Bank sterben würde, so außerordentlich waren die Empfindungen in meinen Beinen. Was hätte mein Vater tun können, wenn ich wirklich weinen sollte? Mit dem scharfen Instinkt kleiner Kinder spürte ich, dass er mich in der Kirche nicht in die Ecke schicken konnte und mich in der Öffentlichkeit auch nicht schlagen würde; solange das ganze Dorf zusah, wäre er hilflos und müsste nachgeben. Deshalb zog ich noch einmal an seinem Ärmel, diesmal entschiedener, und bereit, mit lauter Stimme meinen sofortigen Aufbruch zu fordern. Aber mein Vater war darauf gefasst. Ohne seinen Gesang zu unterbrechen oder seinen frommen Gesichtsausdruck zu ändern, senkte er langsam seine Hand und kniff mich – kein spielerisches Kneifen, sondern ein kräftiges, hartes, unmissverständliches Kneifen, wie ich es nie für möglich gehalten hätte, und machte dann gelassen mit dem nächsten Halleluja weiter. Einen Augenblick lang war ich vor Verblüffung wie versteinert. War dies mein nachgiebiger Vater, mein Spielkamerad, Bewunderer und Freund? Mein rundlicher Kleinkindkörper mit seiner niedlich prall gespannten Haut schmerzte, meine Gefühle waren schrecklich verletzt, und ich öffnete den Mund, um tatsächlich loszuschreien, als das deutliche Flüstern meines Vaters an mein Ohr drang, jedes Wort klar und unmissverständlich, während sein Blick wie zuvor gedankenverloren im Raum hing und seine Lippen sich kaum bewegten: »Elizabeth, wenn du schreist, kneife ich dich, bis du platzt.« Und er beendete die Strophe mit ungerührter Wohlanständigkeit –

> »Will Satan mich verschlingen,
> So lass die Engel singen
>   Halleluja!«

Wir hatten nie wieder Differenzen. Vorher war er mein williger Sklave gewesen, von nun an war ich seiner.

Mit einem Lächeln und einem Schaudern wandte ich mich von dem Beet und seinen Erinnerungen ab und dem Tor in der Mauer zu, das in den Küchengarten führte, genau dort, wo sich einst mein eigenes kleines Gärtchen befunden hatte. Das Tor stand offen, und ich hielt einen Moment davor inne, um mit angehaltenem Atem zu lauschen. Die Stille war so tief wie zuvor. Alles wirkte verlassen, und ich hätte das Haus für leer und verschlossen gehalten, wenn die Rettiche nicht so sorgsam gepflegt und die Fußstapfen auf dem Rasenweg nicht so frisch gewesen wären. Es waren die Spuren eines Kindes. Ich bückte mich, um einen besonders deutlichen Fußabdruck zu untersuchen, als das laute Krächzen einer ungeheuer gelangweilt aussehenden Krähe, die direkt über meinem Kopf auf der Mauer hockte, mich hochschrecken ließ, wie ich noch selten in meinem Leben hochgeschreckt bin, und mich daran erinnerte, dass ich Hausfriedensbruch beging. Meine Nerven waren eindeutig zerrüttet, denn ich raffte meine Röcke und floh durch das Tor, als wäre mir eine ganze Horde von Gespenstern und Anverwandten auf den Fersen; ich hielt erst inne, als ich die abgelegene Ecke erreicht hatte, in der mein Gärtchen gewesen war. »Amüsierst du dich gut, Elizabeth?«, fragte der spöttische Geist, der sich meine Seele nennt, aber ich war zu sehr außer Atem, um ihm zu antworten.

Dies war wirklich eine sichere Ecke. Sie war durch die Mauer vom Hauptteil des Gartens und vom Haus getrennt, an der Nordseite von einer Obstwiese abgeschlossen, und es war im höchsten Grade unwahrscheinlich, dass irgendjemand an einem solchen Nachmittag hierherkommen würde. Dieses Stück Land, Schauplatz meiner unermüdlichen Bemühungen, war, wie ich bemerkte, in einen Steingarten verwandelt worden. In der kalten Erde dieses Nordbeetes, das kein Sonnenstrahl je erreichte, hatte ich meine kühnsten Hoffnungen vergraben. Mein gesamtes Taschengeld hatte ich dafür ausgegeben und mir, weil Blumenzwiebeln teuer und meine Wochenbudgets klein waren, in einem fatalen Moment Geld von Fräulein Wundermacher geliehen, ihr damit meine Unabhängigkeit verkauft und mich vollkommen in ihre Gewalt begeben, wodurch ich bis zu meinem nächsten Geburtstag in ihrer Gegenwart zu einer unnatürlich artigen Sprech- und Verhaltensweise gezwungen war, gegen die meine Seele heftig rebellierte. Und letztendlich kam nichts dabei heraus. All das mühselige Graben und Wässern, der besorgte Eifer, mit dem ich mich auf Unkräuter stürzte, das Brüten über Gartenbüchern, die Pläne, die ich auf einem Bänkchen in der Mitte des Beetes schmiedete und dabei bewundernd und vertrauensvoll auf die ordentliche Fläche blickte, die bald mit tausend Blumen geschmückt sein würde, das leichtsinnige Verschwenden zahlreicher Pfennige, meine demütigende Lage gegenüber Fräulein Wundermacher – alles, alles war vergebens gewesen. Kein Sonnenstrahl gelangte je dorthin, und nichts wuchs. Der Gärtner, der damals unangefochten herrschte, hatte mir dieses große Stück aus dem einzigen Grund angeboten, dass er selbst nichts damit anfangen konnte. Er war zweifellos der Meinung, es sei gut genug, um es einem Kind zum Experimentieren zu überlassen, und ging unbewegter Miene seiner Wege, nachdem ich ihm in einem Überschwang der Gefühle gedankt hatte, an den ich mich heute noch erinnere. Über ein Jahr lang arbeitete und wartete ich, wobei ich verwirrt die Karriere des prächtig gedeihenden Obstgartens gegenüber beobachtete. Er lag nur ein paar Meter entfernt, und obwohl mein Gärtchen mit Dünger und Wasser und Aufmerksamkeit überhäuft wurde, die der Obstgarten nie bekam, schaffte meines es nicht, mehr hervorzubringen als ein paar traurige Triebe, die entweder erstarrten und keine Blüten bildeten oder schrumpften und wieder verschwanden. Einmal fragte ich den Gärtner schüchtern, ob er mir diese Zeichen und Wunder erklären könne, aber er war ein vielbeschäftigter Mann, der keine Zeit für Fragen hatte und mir kurz angebunden mitteilte, das Gärtnern lerne man nicht an einem Tag. Wie gut ich mich an jenen Nachmittag erinnere, selbst an die Form der trägen Wolken und den Duft der Frühlingsdinge, und daran, wie ich beschämt wegging und mich auf die wackelige Bank in meinem Reich setzte und mich zum hundertsten Mal fragte, worin der Unterschied zwischen meinem Stück und dem kleinen Obstgarten daneben bestand. Die Obstbäume standen weit genug von der Mauer entfernt, außer Reichweite ihres kalten Schattens, und wiegten ihre blütenbeladenen Kronen in einer sorglosen Selbstzufriedenheit in der Sonne, die mein Herz mit Neid erfüllte. Hinter ihnen lag eine ansteigende Wiese, und am Fuß des schützenden Hangs aalten sie sich in der unverschämten Pracht ihrer rosa-weißen Vollkommenheit. Es war Mai, und mein Herz blutete, wenn ich an die Tulpen dachte, die ich im November gesetzt und seitdem nicht wiedergesehen hatte. Der ganze restliche Garten stand vor lauter Tulpen in Flammen; hinter mir, auf der anderen Seite der Mauer, blühten Reihen über Reihen von Tulpen – Becher von durchscheinender Lieblichkeit, wie ein um den Rasen geworfener Ring aus Juwelen. Aber was gab es nicht auf der anderen Seite jener Mauer? Dort wuchsen und blühten die Dinge genau so, wie sie es laut meinen Gartenbüchern tun sollten; und vor mir in dem heiteren Obstgarten gediehen unter den Bäumen muntere Blumen, die nie jemand versorgte oder pflegte oder auch nur bemerkte – Narzissen streckten ihre Lanzen durch das Gras, Krokusse spähten fragend heraus, Schneeglöckchen zeigten ihre kleinen, kalten Gesichter, sobald die ersten frostigen Frühlingstage kamen. Nur mein kleines Stück Land, das ich so liebte, blieb auf ewig hässlich und kahl. Und ich saß dort, dachte an einem strahlenden Tag über all diese Dinge nach und schluchzte laut.

Da kam ein Lehrling vorbei, ein junger Mann, der mich oft beim eifrigen Graben gesehen hatte; als ihm die ungewohnten Tränen auffielen, vielleicht auch der Unterschied zwischen meinem Gärtchen und der üppigen Pracht ringsum, blieb er mit seiner Schubkarre auf dem Weg vor mir stehen und bemerkte: »Von nichts kommt nichts.« Die scheinbare Irrelevanz dieser Aussage ließ mich noch lauter schluchzen, bittere Tränen beleidigten Kummers, aber er beharrte auf seiner Meinung und hielt vom Weg aus eine lange Ansprache, in der er mir die Verbindung zwischen Nordmauern und Tulpen und Nichts und Nichts erklärte, bis meine Tränen getrocknet waren und ich aufmerksam lauschte, denn die Schlussfolgerung aus seinen Erklärungen war schlicht, dass der Obergärtner mich schmählich hereingelegt hatte; ein gewissenloser Mensch, dem ich von da an auf ewig misstraute und aus dem Weg ging.

Während ich auf dem Weg stand, von dem aus der freundliche Lehrling seine Bemerkung gemacht hatte, stieg diese Szene so deutlich vor mir empor, als hätte sie am gleichen Tag stattgefunden; aber wie anders alles aussah und wie stark es geschrumpft war! War dies der weite Obstgarten, der sich mit dem Wiesenhang dahinter bis zu den Toren des Himmels erstreckt hatte? Ich glaube, fast alle Kinder, die viel allein sind, durchlaufen eine Phase, in der sie stündlich das Jüngste Gericht erwarten, und ich hatte beschlossen, dass an jenem Tag die himmlischen Heerscharen die Welt über genau diese Wiese betreten würden, in strahlenden Reihen den Hang herabschreitend und dabei die Narzissen zertretend; sie würden den Obstgarten mit frohlockenden Gesängen erfüllen und freudig die Schafe unter den Böcken auswählen. Natürlich wäre ich ein Schaf und meine Gouvernante und der Gärtner Böcke, sodass die Ergebnisse in jeglicher Hinsicht zufriedenstellend ausfallen würden. Aber als ich den Hang hinaufschaute und an meine Visionen zurückdachte, musste ich darüber lachen, wie klein die Wiese war, von der ich angenommen hatte, sie könne den ganzen Himmel aufnehmen.

Auch hier hatten die Anverwandten sich zu schaffen gemacht. Ein Steingarten nahm die Stelle meines Gärtchens ein, und die Obstwiese war mitsamt all ihren Schätzen umgegraben worden; zwischen den Bäumen standen Johannisbeerbüsche und Sellerie in mustergültig geraden Reihen, sodass keine zukünftigen kleinen Anverwandten von himmlischen Heerscharen träumen konnten, die ihnen durch die Narzissen entgegenkämen. Vielleicht war es besser, dass ihnen solche Visionen erspart blieben, denn als ich älter wurde, krallten unbehagliche Zweifel ihre kalten Finger um mein Herz, vage Unsicherheiten, was die genauen letztendlichen Aufenthaltsorte von Gärtner und Gouvernante anging, und die bange Frage, was wäre, wenn sie sich schließlich doch als Schafe erweisen sollten – und ich? Plötzlich fiel mir auf, dass wir uns möglicherweise am Sankt Nimmerleinstag alle drei in derselben Herde wiederfinden könnten und dass mir das ganz und gar nicht gefallen würde.

»Und was kann das nur für ein Mensch sein«, fragte ich mich kopfschüttelnd, während ich die Veränderungen zu meinen Füßen betrachtete, »der einen Steingarten zwischen Gemüse und Johannisbeeren platziert? Unter allen gärtnerischen Aufgaben erfordert ein Steingarten das größte Zartgefühl; beim Anlegen eines solchen Gartens kann man mehr Fehler machen als bei allen anderen Gartenprojekten. Entweder er wird ein voller Erfolg oder ein totaler Fehlschlag; er kann ganz bezaubernd aussehen oder ganz absurd. Bei einem Steingarten gibt es kein Mittelding zwischen dem Erhabenen und dem Lächerlichen.« Ich schüttelte missbilligend den Kopf über den Steingarten zu meinen Füßen und war so versunken in meine Überlegungen, dass das plötzliche Getrappel eilig herannahender Füße mich erschreckt herumfahren ließ, gerade rechtzeitig, um einen Körper aus dem Nebel taumeln zu sehen, der mich heftig anrempelte.

Es war ein Mädchen von ungefähr zwölf Jahren.

»Hallo!«, sagte sie in exzellentem Englisch, und wir starrten einander erstaunt an.

»Ich dachte, Sie wären Miss Robinson«, sagte das Mädchen, ohne sich dafür zu entschuldigen, dass sie mich beinahe umgerannt hätte. »Wer sind Sie?«

»Miss Robinson? Miss Robinson?«, wiederholte ich, den Blick auf das Gesicht des Mädchens geheftet, während in meinem Inneren eine Flut von Erinnerungen wogte. »Aber hat sie nicht einen Missionar geheiratet und ist mit ihm irgendwohin gereist, wo sie ihn gefressen haben?«

Das Mädchen starrte mich noch durchdringender an. »Gefressen? Geheiratet? Was denn, war sie die ganze Zeit mit jemandem verheiratet, der gefressen wurde, und hat es nicht verraten? Wie lustig!« Und sie warf den Kopf zurück und lachte, bis der Garten wiederklang.

»Oh, sei still, du schreckliches Mädchen!«, flehte ich und packte sie am Arm, weil mich die Lautstärke ihres Frohsinns maßlos verängstigte. »Mach nicht so fürchterlichen Krach – wenn du nicht still bist, werden wir bestimmt erwischt –«

Das Mädchen unterbrach ihr kreischendes Lachen und ließ ihren Mund zuschnappen. Ihre Augen, rund und schwarz und glänzend wie Stiefelknöpfe, traten noch weiter hervor. »Erwischt?«, fragte sie eifrig. »Was, haben Sie etwa auch Angst, erwischt zu werden? Ein tolles Spiel!« Die Hände tief in den Taschen ihres Mantels vergraben, hüpfte sie in ihrer überschäumenden Begeisterung vor mir hin und her; sie kam mir vor wie ein fettes schwarzes Lämmchen, das um sein verwirrtes, passives Mutterschaf herumtollt.

Es war klar, dass für mich der Moment gekommen war, mich so schnell wie möglich zu dem Törchen am Ende des Gartens zu begeben, und ich begann, mich in diese Richtung zu entfernen. Das Mädchen hörte sofort auf herumzuhüpfen und baute sich vor mir auf. »Wer sind Sie?«, fragte sie, und musterte mich vom Hut bis zu den Schuhen mit lebhaftestem Interesse.

Ich fand diese schmucklose Art des Fragenstellens unverschämt und versuchte, mich mit hochmütigem Blick an ihr vorbeizudrücken.

Mit einer schnellen, korkenzieherartigen Bewegung stand das Mädchen wieder vor mir.

»Wer sind Sie?«, fragte sie erneut, mit freundlicher, aber entschlossener Miene.

»Oh, ich – ich bin auf Pilgerschaft«, antwortete ich verzweifelt.

»Pilgerschaft!«, wiederholte das Mädchen. Sie schien verblüfft, und ich nutzte ihre Verblüffung, um an ihr vorbeizukommen und raschen Schrittes auf das Tor in der Mauer zuzugehen. »Pilgerschaft!«, sagte das Mädchen noch einmal, wobei sie dicht neben mir herging und mich aufmerksam von oben bis unten musterte. »Ich mag Pilger nicht. Sind das nicht die Leute, die immer herumwandern und irgendwas mit ihren Füßen haben? Ist mit Ihren Füßen irgendwas?«

»Ganz bestimmt nicht«, entgegnete ich empört und ging noch schneller.

»Und sie waschen sich nie, sagt Miss Robinson. Sie auch nicht, oder?«

»Ob ich mich nicht wasche? Oh, ich fürchte, du bist ein sehr schlecht erzogenes kleines Mädchen – ach, lass mich in Ruhe – ich muss mich beeilen –«

»Ich auch«, sagte das Mädchen fröhlich, »weil Miss Robinson bestimmt hinter uns her ist. Sie hatte mich schon fast, als ich Sie entdeckt habe.« Und sie begann, neben mir herzutraben.

Der Gedanke an Miss Robinson dicht hinter uns verlieh mir Flügel; ich schlug meine Würde, von der sowieso nur wenig übrig war, in den Wind und floh den Weg entlang. Das Mädchen ließ sich nicht abschütteln, und obwohl sie keuchte und seltsame Gesichtsfarben annahm, blieb sie an meiner Seite und plauderte sogar weiter. Oh, ich war müde, müde an Körper und Geist, müde von den verschiedenen Erschütterungen, die ich erlebt hatte, müde von der Reise, müde aus Mangel an Essen; und doch war ich gezwungen zu rennen, weil dieses überaus unartige Mädchen beschlossen hatte, sich zu verstecken, anstatt zum Unterricht zu gehen.

»Ich finde – das sehr lustig –«, stieß sie hervor.

»Aber warum rennen wir in die gleiche Richtung?«,

fragte ich atemlos, in der vergeblichen Hoffnung, sie loszu-
werden.

»Na ja – das ist doch – gerade der Spaß. Wir würden uns –
gut verstehen – Sie und ich –«

»Nein, nein«, wehrte ich ab, trotz aller Verwirrung in diesem Punkt sehr entschieden.

»Ich mag es auch nicht, mich zu – waschen – es ist gräss-
lich – im Winter – und man bekommt – rissige Haut.«

»Aber mir macht es überhaupt nichts aus«, protestierte
ich schwach, weil ich keine Kraft mehr hatte.

»Ach was!«, rief das Mädchen, schaute mich an und
lachte schallend. Die Vertraulichkeit, die sie sich heraus-
nahm, war wirklich empörend.

Wir hatten das Tor sicher passiert, die Rettiche umrun-
det und standen im Wäldchen. Ich wusste aus Erfahrung,
wie leicht man sich im Gewirr der engen Wege verstecken
konnte, und blieb einen Moment stehen, um mich umzu-
schauen und zu lauschen. Das Mädchen öffnete den Mund,
um etwas zu sagen. Mit großer Geistesgegenwart drückte
ich sofort meinen Muff darauf und hielt ihn fest, während
ich horchte. Totenstille, bis auf den gepressten Atem und
das Gezappel des Mädchens.

»Ich höre keinen Ton«, flüsterte ich und ließ sie wieder
los. »Was wollest du gerade sagen?«, fügte ich hinzu und
schaute sie streng an.

»Ich wollte sagen«, japste sie, »dass es keinen Sinn hat,
wenn Sie mit so einer Nase behaupten, dass Sie sich waschen.«

»Mit so einer Nase? Mit was für einer Nase?«, rief ich beleidigt, und obwohl ich die Hand hob und sie sehr zart und vorsichtig betastete, konnte ich keinerlei Veränderung feststellen. »Ich fürchte, die arme Miss Robinson hat ein entsetzliches Leben«, sagte ich in zutiefst angewidertem Tonfall.

Das Mädchen grinste, als hätte ich ihr ein Kompliment gemacht. »Sie ist ganz grün und braun«, sagte sie und deutete mit dem Zeigefinger auf mich. »Ist sie immer so?«

Dann fiel mir die nasse Tanne am Tor wieder ein und der verzückte Kuss. Ich wurde rot.

»Geht das nicht mehr runter?«, beharrte das Mädchen.

»Natürlich geht es herunter«, wehrte ich ab und runzelte die Stirn.

»Und warum wischen Sie es nicht ab?«

Da fiel mir das weggeworfene Taschentuch ein, und ich wurde wieder rot.

»Könntest du mir bitte dein Taschentuch leihen?«, fragte ich demütig, »ich – ich habe meins verloren.«

Es folgte ein langes Herumkramen in sechs verschiedenen Taschen, und dann erschien ein Taschentuch, dessen bloßer Anblick mich wieder jung machte. Ich nahm es dankbar entgegen und rubbelte energisch; das Mädchen beobachtete die Operation überaus interessiert und gab mir Ratschläge. »Da – so ist es gut – ein bisschen weiter rechts – dort – jetzt ist alles ab.«

»Bist du sicher? Nichts Grünes mehr?«, erkundigte ich mich besorgt.

»Nein, jetzt ist alles rot«, antwortete sie fröhlich. »Ich will nach Hause«, dachte ich, von dieser Information stark aus der Fassung gebracht, »nach Hause zu meinen lieben, unkritischen, bewundernden Kinderlein, die meine Nase als Musterbeispiel für das sehen, was eine Nase sein sollte, und sie ungeachtet ihrer Farbe schön finden.« So warf ich das Taschentuch zurück in die Hand des Mädchens und hastete fort, den Weg hinunter. Sie packte es eilig weg, was mehrere Sekunden dauerte, weil es so groß war wie ein kleines Leintuch, und rannte dann hinter mir her. »Wo gehen Sie hin?«, fragte sie überrascht, als ich den Weg zum Gartentor einschlug.

»Durch dieses Tor«, antwortete ich entschlossen.

»Aber das ist verboten – wir dürfen da nicht durchgehen –«

Die Macht alter Gewohnheit war an diesem Ort so stark, dass meine Hand bei dem Wort *verboten* von allein die Klinke losließ; in diesem Moment drang eine Stimme ganz in der Nähe aus dem Nebel und ließ mich erstarren.

»Elizabeth! Elizabeth!«, rief die Stimme. »Komm sofort herein zum Unterricht – Elizabeth! Elizabeth!«

»Das ist Miss Robinson«, flüsterte das Mädchen mit aufgeregt blitzenden Augen; dann fiel ihr Blick auf mein Gesicht und sie fragte noch einmal mit bohrendem Interesse: »Wer sind Sie?«

»Ach, ich bin ein Gespenst!«, rief ich voller Überzeugung, presste die Hände an die Stirn und sah mich angsterfüllt um.

»Quatsch«, sagte das Mädchen.

Es war das Letzte, was ich von ihr hörte, denn aus dem Büschen ertönte das Knarren herannahender Stiefel, und von schrecklicher Panik ergriffen, riss ich das Gartentor mit einem verzweifelten Schwung auf, warf es hinter mir zu und floh über die weiten, nebligen Felder.

Der Gothaische Hofkalender schreibt, der regierende Anverwandte habe 1885 die Tochter eines Mr. Johnstone aus England geheiratet, und 1886 sei ihr einziges Kind geboren worden, Elizabeth.

20. November

Letzte Nacht hatten wir minus 12 Grad, und ich ging gleich nach dem Aufwachen hinaus, um nachzusehen, was aus den Teerosen geworden war, und siehe da, sie waren hellwach und ganz fröhlich – zwar mit Reif überzogen, aber ganz und gar nicht schwarz und verschrumpelt. Selbst die Rosen in den Kübeln zu beiden Seiten der Verandatreppe waren sehr lebendig und voller Knospen; insbesondere die Bouquet d'Or ist eine reine Knospenmasse und würde bestimmt aufblühen, wenn ich sie irgendwie ermuntern könnte. Allmählich glaube ich, dass die Zartheit von Teerosen stark übertrieben dargestellt wird, und auf jeden Fall bin ich sehr froh, dass ich den Mut hatte, es in diesem nördlichen Garten mit ihnen zu versuchen. Aber ich sollte die Vorsehung nicht allzu kühn herausfordern und habe angeordnet, dass die Kübelrosen den Winter über ins Gewächshaus gestellt werden; ich hoffe, die Bouquet d'Or wird sich an einer sonnigen Stelle direkt am Fenster dazu bewegen lassen, ein paar Knospen zu öffnen. Das Gewächshaus wird nur als Winterquartier benutzt und auf einer Temperatur knapp über dem Gefrierpunkt gehalten; es dient ausschließlich den Pflanzen, die den kältesten Teil des Winters draußen nicht überstehen würden. Ich ziehe keine Pflanzen darin, weil ich Gewächse nicht mag, die nur drei oder vier Monate im Garten vertragen können und die restliche

Zeit über umschmeichelt und verhätschelt werden müssen. Ich wünsche mir einen Garten voller starker, gesunder Wesen, die auch raue Bedingungen und Kälte ertragen können, ohne kläglich aufzugeben und zu sterben. Eine zarte Konstitution fand ich noch nie reizvoll, weder bei Pflanzen noch bei Frauen. Zweifellos kann man mit Hilfe von Wärme und ständiger Zuwendung viele wunderhübsche Blumen bekommen, aber für jede von ihnen gibt es fünfzig noch hübschere, die dankbar in Gottes gesunder Luft wachsen und dafür mit viel intensiveren Düften und Farben gesegnet werden.

Wir waren bis jetzt fleißig damit beschäftigt, die Beete in Ordnung zu bringen und die neuen Teerosen zu pflanzen, und ich freue mich mit mehr Hoffnung als je zuvor auf den nächsten Sommer, trotz meiner vielen Fehlschläge. Ich wünschte, die Jahre, die meinen Garten zur Vollkommenheit bringen, würden schneller vergehen! Die Persian Yellows sind in ihr neues Quartier umgezogen, und die Teerose Safrano hat ihren Platz eingenommen; alle Rosenbeete sind mit Teppichen aus Stiefmütterchen unterlegt, die im Juli ausgesät und im Oktober verpflanzt wurden, wobei jedes Beet seine eigene Farbe hat. Die violetten sind besonders bezaubernd und passen zu allen Rosen, aber ich nehme immer weiße zu Laurette Messimy und gelbe zu Safrano und eine neue rote Sorte für das große zentrale Beet mit den roten Rosen. In dem Halbkreis auf der Südseite der kleinen Ligusterhecke wurden zwei Reihen aus einjährigem Rittersporn in all seinen zarten Farbschattierungen ausgesät, und gleich hinter dem Rittersporn, im Gras, steht ein Halbkreis aus Hochstamm-Teerosen und Säulenrosen. Vor dem Haus haben wir die langen Beete neu bepflanzt, mit ein- und mehrjährigem Rittersporn, Akelei, Schlafmohn, Nelken, Madonnenlilien, Goldlack, Stockrosen, mehrjährigem Phlox, Pfingstrosen, Lavendel, Astern, Flockenblumen und Brennender Liebe, außerdem packten wir Blumenzwiebeln dazwischen, wo noch Platz war. Dies waren die Beete, die der andere Gärtner kaum genutzt hatte. In die Frühjahrskästen für die Verandatreppe wurden rosafarbene und gelbe und weiße Tulpen gesetzt. Ich mag Tulpen lieber als jede andere Frühlingsblume; sie sind der Inbegriff wacher Fröhlichkeit und klarer Anmut, und neben einer Hyazinthe sehen sie aus wie ein gesundes, frisch gebadetes junges Mädchen neben einer drallen Dame, die bei jeder Bewegung schwere Wolken aus Patchouli-Duft in die Luft sendet. Ihr schwacher, zarter Duft ist pure Raffinesse, und gibt es etwas Bezaubernderes auf dieser Welt als die aufgeweckte Art, in der sie ihre Gesichter der Sonne entgegenrecken? Ich habe schon erlebt, dass Leute sie auffällig und protzig nannten, aber mir kommen sie vor wie die bescheidene Anmut selbst, allerdings stets bereit, das Leben zu genießen und ohne Scheu der Sonne und allem, was sonst noch über ihnen stehen mag, direkt ins Gesicht zu sehen. Im Gras gibt es zwei Tulpenbeete mit Teppichen aus Vergissmeinnicht, außerdem verstreute Gruppen von Narzissen. Entlang der wilderen Wege durchs Gebüsch werden Fingerhut und Königskerzen majestätisch leuchten (hoffe ich), und eine kühle Ecke, vor dem Hintergrund einer Tannengruppe, wird von Madonnenlilien, weißem Fingerhut und Akeleien geziert. Auf einer fernen Lichtung habe ich einen Frühlingsgarten rings um eine Eiche angelegt, die allein in der Sonne steht – Gruppen von Krokussen, Narzissen, Hyazinthen und Tulpen, dazwischen blühende Gehölze wie Zierapfel (*Malus spectabilis*, *floribunda* und *coronaria*), Herzkirsche, Steinweichsel, Spätblühende Traubenkirsche, Mandelbäumchen, Blutpflaume, Quitte, Weigelie in allen Farben, verschiedene Weißdornsorten und andere Maischönheiten. Wenn das Wetter sich gut benimmt und wir zur rechten Zeit sanften Regen bekommen, wird diese kleine Ecke, glaube ich, wunderschön – aber was für ein großes »wenn« das ist! Die Dürre ist unser großer Feind, und in den letzten beiden Sommern gab es jeweils fünf Wochen glühender, wolkenloser Hitze, in denen alle Gräben austrockneten und die Erde gebacken wurde wie Teig im Ofen. In solchen Zeiten übersteigt das Wässern natürlich die Kräfte von zwei Männern; aber weil ein Garten ein Ort zum Glücklichsein ist und nicht einer, an dem man hinter jeder Biegung auf ein Dutzend neugieriger Augen treffen will, möchte ich nicht mehr als diese beiden, oder eher: diese anderthalb – der Hilfsgärtner hat storchenähnliche Neigungen und zieht jeden Herbst in seine russische Heimat, von wo er im Frühling mit den ersten warmen Winden zurückkehrt. Ich würde ihn gern über den Winter hierbehalten, weil auch dann viel zu tun ist, und fragte ihn neulich danach. Er ist ein jämmerlich aussehendes Menschenkind – lahm, und mit einer fürchterlichen Augenkrankheit geschlagen; aber er ist ein guter Arbeiter und schuftet unermüdlich vom Sonnenaufgang bis zur Abenddämmerung.

»Sagen Sie, mein lieber Storch« (oder so etwas Ähnliches), sagte ich, »warum bleiben Sie nicht ganz hier, anstatt nach Hause zu fahren und alles zu verprassen, was Sie verdient haben?«

»Ich würde ja gerne bleiben«, antwortete er, »aber ich habe meine Frau dort in Russland.«

»Ihre Frau!«, rief ich, törichterweise überrascht darüber, dass diese arme deformierte Kreatur eine Gefährtin gefunden hatte – als gäbe es nicht Gefährten im Überfluss auf der Welt. »Ich wusste gar nicht, dass Sie verheiratet sind?«

»Ja, und ich habe zwei kleine Kinder, und ich weiß nicht, was sie tun würden, wenn ich nicht nach Hause käme. Aber die Reise nach Russland ist sehr teuer, sie kostet mich jedes Mal sieben Mark.«

»Sieben Mark!«

»Ja, das ist eine Menge Geld.«

Ich fragte mich, ob ich es schaffen würde, für sieben Mark nach Russland zu kommen, gesetzt den Fall, mich würde ein unnatürliches Verlangen ergreifen, dorthin zu reisen.

Alle Knechte und Mägde, die hier von März bis Dezember arbeiten, sind Russen oder Polen oder eine Mischung aus beidem. Wir schicken zu Beginn des Jahres einen Mann los, der ihre Sprache spricht und so viele herholt, wie er kann, und dann kommen sie mit ihre Bündeln an, Männer und Frauen und Kinder, und sobald sie hier sind und wir ihre Reisekosten bezahlt haben, verschwinden sie bei Nacht, sobald sie die Gelegenheit bekommen, manchmal fünfzig auf einmal, um allein oder paarweise für die Bauern zu arbeiten, die ihnen pro Tag einen Pfennig oder zwei mehr bezahlen als wir und sie mit der Familie essen lassen. Bei uns bekommen sie eins fünfzig bis zwei Mark am Tag, und so viele Kartoffeln, wie sie essen können. Die Frauen bekommen weniger; nicht, weil sie weniger arbeiten, sondern weil sie Frauen sind und nicht ermutigt werden sollten. Der Aufseher wohnt bei ihnen, und hat einen geladenen Revolver in der Tasche und einen bissigen Hund zu seinen Füßen. Die ersten ein bis zwei Wochen nach ihrer Ankunft halten die Förster und andere Beamte nachts vor den Häusern Wache, in denen sie untergebracht sind. Ich vermute, sie finden diese Arbeit ziemlich einschläfernd, denn jedes Frühjahr passiert das Gleiche, und fünfzig oder mehr Leute entkommen trotz unserer Vorsichtsmaßnahmen, und wir stehen mit offenem Mund und leeren Taschen da. Dieses Frühjahr kamen sie aufgrund irgendeines Fehlers ohne ihre Bündel an, die auf dem Weg verloren gegangen waren, und weil sie in ihren besten Kleidern gereist waren, weigerten sie sich strikt zu arbeiten, bis ihr Gepäck ankam. Fast eine Woche ging durch die Warterei verloren, zur Verzweiflung aller Verantwortlichen.

Ebenso wenig kann irgendetwas sie dazu bewegen, an den Feiertagen ihrer Heiligen zu arbeiten, und sicherlich war nie eine Kirche so voller Heiliger wie die russische.

Im Frühling, wenn jede Stunde von entscheidender Bedeutung ist, unterbrechen sie ständig die Arbeit und liegen den ganzen Tag schlafend in der Sonne, im angenehmen Bewusstsein, dass sie sich selbst und die Kirche gleichzeitig erfreuen – ein ebenso seltener wie wünschenswerter Zustand der Vollkommenheit. Ohne Beistand durch den Glauben verzweifelt die Vernunft allerdings über diese Verschwendung kostbarer Zeit, und ich gebe zu, dass ich in den ersten milden Tagen nach dem langen Winterfrost den Trübsinn des Zornesmenschen nachempfinden konnte; als es gerade wieder möglich war, den Boden zu bearbeiten, war er in einer einzigen Woche mit zwei oder drei freien Tagen konfrontiert, an denen niemand arbeiten wollte, und ich lauschte schweigend seinen Bemerkungen über ferne russische Heilige.

Ich nehme an, es war meine eigene Überzivilisiertheit, die mein Mitleid für diese Menschen weckte, als ich sie zum ersten Mal erlebte. Sie leben in Herden wie die Tiere und arbeiten wie die Tiere; aber trotz der bewaffneten Aufseher, des Schmutzes, der Lumpen und der Kartoffelmahlzeiten, die mit dünnem Essigwasser heruntergespült werden, glaube ich allmählich, dass sie eine Abneigung gegen Seife hegen und neue Kleider ablehnen würden, und ich höre sie abends singen, wenn sie von der Arbeit heimkommen. Wie kleine Kinder oder Tiere sind sie vollkommen unfähig, sich einen Begriff von der Zukunft zu machen; und schließlich ist man ja nach einem ganzen Tag Arbeit in Gottes Sonnenschein, wenn der Abend kommt, angenehm müde und bereit zum Ausruhen und wenig geneigt, mit dem eigenen Schicksal zu hadern. Allerdings bin ich noch nicht davon überzeugt, dass die Frauen glücklich sind. Sie müssen ebenso schwer arbeiten wie die Männer und bekommen weniger dafür; sie müssen Nachwuchs produzieren, unabhängig von Tages- oder Jahreszeiten und ihrer generellen Lebenslage; sie müssen dies zügig tun, um die Arbeit nicht zu lange zu unterbrechen; niemand hilft ihnen, niemand bemerkt sie, niemand nimmt Anteil, am allerwenigsten der Ehemann. Es ist ganz normal, sie morgens bei der Arbeit auf dem Feld zu sehen, und am Nachmittag wieder, wobei sie in der Zwischenzeit ein Kind bekommen haben. Das Baby wird einer alten Frau überlassen, deren Pflicht darin besteht, sich um alle kleinen Kinder zu kümmern. Als ich mein Entsetzen darüber ausdrückte, dass diese armen Wesen sofort weiterarbeiten, als wäre nichts geschehen, teilte der Zornesmensch mir mit, sie würden nicht leiden, weil sie nie Korsetts getragen hätten, ebenso wenig wie ihre Mütter und Großmütter. Wir ritten gerade miteinander aus und waren an einer Gruppe von Arbeitern vorbeigekommen, mit deren Aufseher mein Mann sprach, als eine Frau alleine ankam, einen Spaten nahm und anfing zu graben. Sie grinste uns fröhlich an, während sie einen Knicks machte, und der Aufseher erzählte, dass sie gerade zum Haus zurückgegangen sei, um ein Kind zu bekommen.

»Die arme, *arme* Frau!«, rief ich, während wir weiterritten, und war aus irgendeinem mysteriösen Grund sehr wütend auf den Zornesmenschen. »Und ihr elender Ehemann schert sich keinen Deut um sie, und wahrscheinlich prügelt er sie heute Abend, wenn sein Essen ihm nicht passt. Was ist es doch für ein Unsinn, von der Gleichheit der Geschlechter zu reden, solange die Frauen die Kinder bekommen!«

»Ganz genau, meine Liebe«, antwortete der Zornesmensch und lächelte herablassend. »Du hast den Kern der Sache erfasst. Die Natur hat der Frau diese angenehme Pflicht auferlegt und schwächt sie damit, sodass sie nicht in der Lage ist, dem Mann ernsthaft Konkurrenz zu machen. Wie kann eine Person, die immer wieder ein Jahr ihrer besten Lebenszeit verliert, in Wettbewerb mit einem jungen Mann treten, der überhaupt keine Zeit verliert? Er hat die rohe Kraft, und sein letztes Wort zu einem Thema kann jederzeit die Faust sein.«

Ich sagte nichts. Es war ein trüber, grauer Nachmittag Anfang November, und die Blätter segelten langsam und leise vor die Hufe unserer Pferde, während wir zum Hirschwald ritten.

»Es ist bei diesen Russen allgemein Brauch«, fuhr der Zornesmensch fort, »und, so glaube ich, bei den niedrigen Schichten überall, und sicherlich im Hinblick auf Einfachheit eine empfehlenswerte Lösung, den Widerspruch und den Ehrgeiz einer Frau zum Schweigen zu bringen, indem man sie schlägt. Ich habe gehört, dass dieses scheinbar brutale Vorgehen ganz und gar nicht die Empörung zur Folge hat, die verzärtelte Menschen erwarten würden, sondern dass die Empfängerin mit einer Schnelligkeit und Vollständigkeit besänftigt und zufriedengestellt wird, die durch andere, höflichere Methoden nicht zu erzielen sind. Glaubst du«, fuhr er fort und schlug im Vorbeireiten mit seiner Peitsche einen Zweig ab, »dass der intellektuelle Ehemann, der sich intellektuell mit den chaotischen Sehnsüchten seiner intellektuellen Frau herumschlägt, je das angestrebte Resultat erzielt? Er schlägt sich herum bis zur Erschöpfung, wird sie aber niemals auch nur im Mindesten von ihrer Tollheit überzeugen, während sein Bruder in der zerlumpten Jacke die ganze Angelegenheit in weniger Zeit erledigt hat, als mich das Reden darüber kostet. Es steht außer Zweifel, dass diese Frauen ihrer Berufung viel stärker folgen als die Frauen unserer Schicht, und da das wahre Glück ja darin besteht, die eigene Berufung früh zu finden und ein Leben lang zu erfüllen, sollte man sie wohl eher beneiden als bemitleiden, weil sie durch die Unmöglichkeit, mit männlichen Muskeln zu streiten, schon früh die Wirkungslosigkeit weiblichen Strebens und die Segnungen der Zufriedenheit kennenlernen.«

»Bitte sprich weiter«, sagte ich höflich.

»Diese Frauen nehmen Schläge mit einer überaus lobenswerten Schlichtheit hin und betrachten sie ganz und gar nicht als Beleidigung, sondern bewundern die Kraft und Energie eines Mannes, der so eloquente Rügen austeilen kann. In Russland *darf* ein Mann seiner Frau nicht nur Prügel verabreichen, sondern es ist im Katechismus festgelegt und wird allen Jungen bei der Konfirmation beigebracht, dass sie mindestens einmal pro Woche nötig sind, damit eine Frau insgesamt gesund und glücklich bleibt – egal, ob sie etwas verbrochen hat oder nicht.«

Mir war, als nähme ich bei dem Zornesmenschen eine gewisse Tendenz zur Schadenfreude über diese Züchtigungen wahr.

»Mein lieber Mann«, sagte ich und zeigte mit meiner Peitsche nach oben, »sieh dir bitte diesen jungen Mond an, der so unschuldig über die Nebelkante hinter der Birke dort zu uns herüberschaut, und rede nicht so viel über Frauen und Sachen, von denen du nichts verstehst. Was hilft es, wenn du dich mit Fäusten und Peitschen und Muskeln und all den grässlichen Dingen beschäftigst, die zur Verunsicherung aufmüpfiger Ehefrauen erfunden worden sind? Du weißt, dass du ein zivilisierter Ehemann bist, und ein zivilisierter Ehemann ist ein Lebewesen, das aufgehört hat, ein Mann zu sein.«

»Und eine zivilisierte Ehefrau?«, fragte er, lenkte sein Pferd dicht neben mich und legte den Arm um meine Taille, »hat sie aufgehört, eine Frau zu sein?«

»Das glaube ich in der Tat – sie ist eine Göttin und kann nie genug verehrt und angebetet werden.«

»Mir scheint«, sagte er, »unser Gespräch wird persönlich.«

Ich trieb mein Pferd zu einem Galopp über das kurze, federnde Gras an. Der Hirschwald ist an solchen Abenden ein verzauberter Ort, wo flache Nebelschwaden über den Boden ziehen, während sich darüber die zarten, kahlen

Zweige der Sandbirken scharf vor einem milden Himmel abzeichnen und ein kleiner Mond freundlich auf die feuchte Novemberwelt herabblickt. Wo sich die Bäume zum Wald verdichten, wirbeln die Pferde mit ihren Hufen einen Duft nach feuchter Erde und modrigem Laub auf, der meine Seele mit Entzücken erfüllt. Diesen Duft liebe ich ganz besonders – er führt mir das ganze Wohlwollen der Natur vor Augen; ständig verarbeitet sie Tod und Verfall, die an sich so furchtbar sind, zu Hilfsmitteln für neues, prächtiges Leben und sendet dabei süße Düfte in die Luft.

7. Dezember

Ich war in England. Ich wollte mindestens einen Monat bleiben, verbrachte eine Woche im Nebel und wurde von einem Sturm wieder nach Hause geblasen. Zweimal floh ich vor dem Nebel aufs Land, um Freundinnen mit Gärten zu besuchen, aber es regnete, und außer den wunderschönen Rasenflächen (die es im *Vaterland* nicht gibt) und den unendlichen Möglichkeiten war da nichts, was die intelligente und gartenbegeisterte Ausländerin interessiert hätte, aus dem guten Grund, dass man sich unter einem Schirm nicht für Gärten interessieren kann. Also fuhr ich zurück in den Nebel und bekam nach ein paar Tagen des Herumtastens außerordentliche Sehnsucht nach Deutschland. Nach meiner Abreise kam ein furchtbarer Sturm auf, und die Reise war voller Schrecken, zu Wasser wie zu Lande, denn die deutschen Züge werden dermaßen beheizt, dass es praktisch unmöglich ist, stillzusitzen, während Stöße heißer Luft aus den Polstern aufsteigen, sodass die Kissen sich stark erhitzen und die bemitleidenswerten Reisenden noch viel mehr.

Aber als ich zu Hause ankam und aus dem Zug in die reinste, strahlendste Schneestimmung hinaustrat, wo der Himmel wolkenlos und die Luft so still war, dass die ganze Welt zu lauschen schien, wo der knackige Schnee zu meinen Füßen und auf den Bäumen glitzerte und eine glückliche Reihe von drei strahlenden Kinderlein mich erwartete, war ich über all meine Qualen hinweggetröstet und erinnerte mich nur noch insoweit an sie, als ich mich fragte, warum ich überhaupt weggefahren war.

Die Kinderlein hatten jeweils ein Kätzchen in der einen und einen eleganten Strauß aus Kiefernnadeln und Gras in der anderen Hand, und das ganze Straußüberreichen und Kätzchenbändigen erschwerte das Umarmen und Küssen stark. Kätzchen, Sträuße und Kinderlein wurden allesamt irgendwie in den Schlitten gequetscht und wir fuhren los, mit klingelnden Glöckchen und begeistertem Gekreische.

»Wenn du heimkommst, gibt es gleich wieder *fun*«, sagte das Maikind, ganz dicht an mich gekuschelt. »Der Schnee schnurrt!«, rief das Aprilkind, als die Hufe ihn zum Knirschen brachten. Das Junikind sang lauthals »The King of Love my Shepherd is«, wobei sie ihr Kätzchen am Schwanz im Kreis schwang, um den Rhythmus zu betonen.

Das halb im Schnee vergrabene Haus sah aus wie ein wahrer Hort des Friedens, und ich rannte durch alle Räume, begierig, sie wieder in Besitz zu nehmen, und hatte dabei das Gefühl, ewig weg gewesen zu sein. Als ich in die Bibliothek kam, blieb ich stehen – ach, dieser geliebte Raum, welch glückliche Zeiten hatte ich hier damit verbracht, Bücher zu durchstöbern, Pläne für meinen Garten zu schmieden, Luftschlösser zu bauen, zu schreiben, zu träumen und nichts zu tun! Die Flammen eines großen Torffeuers loderten vom Kamin bis in den Schornstein, und die alte Haushälterin hatte überall Blumentöpfe aufgestellt, und ein großer Veilchenstrauß auf dem Schreibtisch erfüllte den Raum mit seinem Duft. »Ach, wie *schön* ist es doch, wieder zu Hause zu sein!«, seufzte ich zufrieden. Die Kinderlein klammerten sich an meine Knie und schauten mit liebevollen Blicken zu mir auf. Draußen strahlender Schnee und Sonnenschein, drinnen ein heller Raum und glückliche Gesichter – ich dachte an jenen gelblichen Nebel und mich schauderte.

Der Zornesmensch benutzt die Bibliothek nicht; sie ist neutrales Terrain, auf dem wir uns abends eine Stunde lang treffen, bevor er in seine eigenen Räume entschwindet – eine Reihe sehr verqualmter Höhlen an der Südostecke des Hauses. Ich fürchte, für eine ideale Bibliothek sieht sie etwas zu heiter aus, und ihre Farbigkeit, weiß und gelb, ist so fröhlich, dass sie fast frivol wirkt. Ringsum an den Wänden stehen weiße Bücherregale, und es gibt einen großen offenen Kamin, und vier Fenster, alle genau nach Süden auf meinen liebsten Gartenteil ausgerichtet, das Stück um die Sonnenuhr; mit all der Farbe und dem großen Feuer und dem hereinflutenden Sonnenschein ist ihre Atmosphäre ganz und gar nicht ernsthaft, trotz der ehrwürdigen Bände, mit denen die Regale gefüllt sind. In der Tat wäre ich überhaupt nicht erstaunt, wenn sie von ihren Plätzen herunterspringen und mit angehobenen Blättern ein Tänzchen beginnen würden.

Solange ich diesen Raum bewohnen darf, sehe ich mit vollkommenem Gleichmut der Perspektive entgegen, für jede Zeitspanne, die der Vorsehung angemessen erscheint, eingeschneit zu werden; und in den zugeschneiten Garten hinauszugehen ist, als tauche man in ein Bad aus purer Klarheit. Der erste Lufthauch beim Öffnen der Tür ist so unbeschreiblich rein, dass ich unwillkürlich tief einatme und mich inmitten all der Makellosigkeit ganz schwarz und sündig fühle. Gestern saß ich den ganzen Nachmittag draußen neben der Sonnenuhr, wobei das Thermometer so weit unter null gefallen war, dass es Wochen brauchen wird, um den Weg zurück nach oben zu finden; aber es war windstill, mit herrlichem Sonnenschein, und ich war fest in Pelze eingewickelt. Ich ließ mir sogar einen Tee hinausbringen, zum Erstaunen der Dienstboten, und saß noch lange nach Sonnenuntergang dort, um die frostige Luft zu genießen. Allerdings musste ich den Tee sehr schnell trinken, denn er zeigte einen starken Hang zum Gefrieren. Nachdem die Sonne verschwunden war, kamen die Saatkrähen mit großem Gekrächze und Geflatter nach Hause zu ihren Nestern im Garten, und es gab viel Zetern und Zanken, bis sie sich auf ihren jeweiligen Bäumen niederließen. Mit mächtigem Flügelrauschen flogen sie zu Hunderten über mich hinweg, und als sie sich gemütlich eingerichtet hatten, legte sich tiefes Schweigen über den Garten, und das Haus sah mit seinem weißen Dach vor dem blassgrünen Westhimmel und dem Lampenlicht hinter den Fenstern aus wie eine Weihnachtskarte.

Ich hatte – in den Pausen zwischen Herumschauen und Glücklichsein – ein Buch über Luthers Leben gelesen, das mir der Pfarrer geliehen hatte. Eines Tages kam er mit dem

Buch an und bat mich, es zu lesen, weil er herausgefunden hatte, dass mein Interesse an Luther nicht so lebhaft war, wie es sein sollte; also nahm ich es mit hinaus in den Garten, weil selbst das ödeste Buch etwas Gewinnendes bekommt, wenn man es draußen liest, genau wie Butterbrote im Salon keinerlei Charme haben, aber unter einem Baum wie Nektar und Ambrosia schmecken. Ich las den ganzen Nachmittag Luther, mit Pausen für erfrischende Blicke in den Garten und den Himmel, und viel Dankbarkeit im Herzen. Seine Kämpfe mit den Teufeln erstaunten mich, und ich fragte mich, ob ein Tag wie dieser, erfüllt von Gnade und der Vergebung von Sünden, ihn nicht dazu bewegt hätte, selbst Teufeln gegenüber Milde walten zu lassen. Anscheinend gestattete er sich nie, einfach glücklich zu sein. Er war ein wunderbarer Mann, aber ich bin froh, dass ich nicht seine Frau sein musste.

Unser Pfarrer ist ein interessanter Mensch, und unermüdlich in seinen Versuchen, sich zu bessern. Er nutzt jeden freien Moment, um sich zu bilden, genau wie seine Frau, und es wird erzählt, dass sie ihren Pudding mit einer Hand rührt und in der anderen eine lateinische Grammatik hält, wobei die Grammatik natürlich den größeren Anteil ihrer Aufmerksamkeit bekommt. Für die meisten deutschen Hausfrauen sind Mahlzeiten und vor allem Pudding von höchster Bedeutung, und sie sind stolz darauf, die sichtbaren Teile ihrer Häuser in einem Zustand unaufhörlicher und makelloser Perfektion zu halten, was überaus löblich ist; aber gibt es, so möchte ich vorsichtig fragen, nicht andere Dinge, die sogar noch wichtiger sind? Ist es nicht besser, einfach zu leben und anspruchsvoll zu denken, als umgekehrt? All dieses sorgfältige Zubereiten von Mahlzeiten und Abstauben von Möbeln nimmt eine schreckliche Menge kostbarer Zeit in Anspruch, und – beschämt gebe ich zu, dass meine Sympathien eher bei Pudding mit Grammatik liegen. Es kann nicht richtig sein, dass wir zu Sklaven unserer Hausgötter werden, und ich beteuere hiermit, dass ich, wenn meine Möbel mich verärgern würden, indem sie abgestaubt werden wollten, wenn ich etwas anderes tun und niemand das Abstauben für mich übernehmen möchte, sie allesamt auf den nächsten Scheiterhaufen werfen und meine Zehen sehr zufrieden an den Flammen wärmen würde, um dann meine Staubwedel dem erstbesten Hausierer zu verkaufen, der weichherzig genug wäre, sie zu nehmen.

Pfarrersfrauen müssen das Kochen und die Hausarbeit selbst übernehmen, insofern sind sie nicht nur Köchinnen und Haushälterinnen, sondern, wenn sie Kinder haben – und sie haben immer Kinder – auch Kindermädchen und Hilfskindermädchen in einer Person; neben diesen unbedeutenden Pflichten haben sie reichlich Arbeit mit ihrem Obst- und Gemüsegarten und allem, was mit dem Geflügel zu tun hat. Ist es angesichts dieser Umstände nicht herzergreifend, wenn eine junge Frau tapfer kämpft, um Sprachen zu lernen und mit ihrem Ehemann Schritt zu halten? Wenn ich dieser Mann wäre, würde mir der Pudding am süßesten schmecken, der mit Lateinsauce serviert wird. Sie sind beide sehr fromm und stets verzweifelt bemüht, das zu praktizieren, was sie predigen; wie wir alle wissen, gibt es nichts Schwierigeres. Er arbeitet mit edelster Selbstaufopferung in seiner Gemeinde und verliert nie den Mut, obwohl seine Anstrengungen schon mehrfach mit abscheulichen Schmähschriften belohnt wurden, die an Straßenecken plakatiert, unter Türen hindurchgeschoben und sogar an seiner eigenen Gartenmauer befestigt wurden. Die Bauern in dieser Gegend sind unglaublich gewöhnlich und animalisch, und ein sensibler, intellektueller Pfarrer ist unter ihnen wie eine Perle vor den Säuen. Jahrelang machte er unbeirrt weiter, erfüllt vom lebendigsten Glauben, von Hoffnung und Nächstenliebe, und manchmal frage ich mich, ob die Leute jetzt besser dran sind als unter seinem Vorgänger, der von Montagmorgen bis Samstagabend rauchte und Bier trank, niemals einen Finger rührte und seine spärliche Gemeinde am Sonntagnachmittag oft warten ließ, während er sein Verdauungsschläfchen beendete. Die meisten Menschen würden angesichts solcher Enttäuschungen aufgeben und es der Gemeinde selbst überlassen, ob sie in den Himmel kommen will oder nicht; er aber wirkt niemals entmutigt und opfert diesen Leuten weiterhin die besten Jahre seines Lebens, obwohl all seine Neigungen literarischer Art sind und er ein studentisches Leben vorziehen würde. Er lässt sich Tag und Nacht von seinen Überzeugungen aus seinem kleinen Haus zerren, um die Kranken zu betreuen und die Sünder zu ermahnen; sie gönnen ihm keine Ruhe und geben ihm nie das Gefühl, genug getan zu haben; und wenn er ausgelaugt nach Hause kommt, nachdem er einen Tag lang mit den Seelen seiner Pfarrkinder gerungen hat, sieht er sich auf der eigenen Schwelle mit üblen Beleidigungen konfrontiert, die jemand an seine Haustür geheftet hat. Er spricht nie über diese Dinge, aber wie sollten sie verborgen bleiben? Alle hier wissen alles, was passiert ist, bevor der Tag zur Neige geht, und was es bei uns zum Abendessen gibt, ist von weit größerem allgemeinem Interesse als die erstaunlichsten politischen Erdbeben. Sie haben ein hübsches, geräumiges Häuschen und ein schönes Stück Land direkt neben dem Kirchhof. Sein Vorgänger pflegte die Wäsche zum Trocknen über die Grabsteine zu hängen, aber er war auch ein Mensch, der jedes Anstandsgefühl verloren hatte und letztendlich entfernt werden musste; in seiner überaus scharfzüngigen Abschiedspredigt schleuderte er dem Zornesmenschen, der oben in seiner Loge saß, jedes Wort aufsaugte und sich großartig amüsierte, deftige Schmähungen entgegen. Der Zornesmensch mag alles Neue, und eine solche Predigt hatte es noch nie gegeben. Bis heute wird im Dorf darüber gesprochen, mit gedämpfter Stimme und schrecklicher Freude.

22. Dezember

Bisher hatten wir einen wunderschönen Winter. Klare Himmel, Frost, wenig Wind und, abgesehen von einem gelegentlichen scharfen Hauch, sehr wenige wirklich kalte Tage. Meine Fenster sehen mit ihren Hyazinthen und Maiglöckchen fröhlich aus, und obwohl ich wie gesagt den Duft von Hyazinthen im Frühling nicht mag, wenn es ihm verglichen mit anderen Blumen an Jugend und Unschuld mangelt, bin ich jetzt ganz zufrieden damit, meine Nase in seiner schweren Süße zu vergraben. Im Dezember kann man sich nicht erlauben, wählerisch zu sein; außerdem ist man im Winter generell weniger wählerisch. Die scharfe Luft stählt Seele und Körper, und selbst Essen oder Düfte, die man im Sommer nicht mag, sind dann absolut willkommen.

Ich habe viel zu tun mit den Vorbereitungen für Weihnachten, schließe mich aber oft alleine in einem Zimmer ein und sperre die nicht erledigten Pflichten aus, um Blumenkataloge zu studieren und meine Listen von Samen, Büschen und Bäumen für den Frühling zusammenzustellen. Das ist eine faszinierende Beschäftigung, die noch einen zusätzlichen Zauber bekommt, weil ich weiß, dass ich eigentlich etwas anderes tun sollte, dass Weihnachten vor der Tür steht, dass die Freude der Kinder und Dienstboten und Landarbeiter ausschließlich von mir abhängt und dass, wenn ich mich nicht um das Schmücken der Bäume und des Hauses und das Einkaufen von Geschenken kümmere, niemand anderes das übernehmen wird. Die Stunden fliegen vorbei, wenn ich mich mit diesen Katalogen einschließe und die PFLICHT auf der anderen Seite der Tür knurrt. Ich mag die PFLICHT nicht – alles, was auch nur im Mindesten unangenehm ist, gehört mit Sicherheit zu den Pflichten. Warum kann es nicht meine Pflicht sein, Listen und Pläne für meinen geliebten Garten zu machen? »Genau das ist es«, erklärte ich dem Zornesmenschen, als er sich beklagte, ich würde, wie er es nannte, meine Zeit im ersten Stock verschwenden. »Mitnichten«, antwortete er weise, »dein Garten kann nicht deine Pflicht sein, weil er dein Vergnügen ist.«

Wie tröstlich ist es doch, ständig auf einen solchen Born der Weisheit zugreifen zu können! Einen Ehemann kann jede haben, aber nur wenigen ist es vergönnt, einen Weisen ihr Eigen zu nennen, und die Kombination aus beidem ist ebenso selten wie nützlich. In der Tat ist das einzige gleichermaßen Nützliche, das ich je gesehen habe, ein Sofa, das meine Nachbarin als Weihnachtsüberraschung für ihren Ehemann gekauft hat und das sie mir bei meinem letzten Besuch vorführte – eine wunderbare Erfindung, die, wie sie erklärte, ein Bett, ein Sofa und eine Kommode in sich vereinigt, sodass man seine Kleidung hineinlegen und sich selbst darauflegen kann; und falls jemand mitten in der Nacht zu Besuch kommt und man zufällig den Salon als Schlafzimmer benutzt, kann man das Bettzeug einfach hineinstopfen und wird auf dem Sofa sitzend angetroffen und alles sieht aus, als erwarte man schon seit Stunden Gäste.

»Sagen Sie, trägt er einen Pyjama?«, fragte ich.

Aber sie hatte noch nie von Pyjamas gehört.

Es dauert lange, bis ich meine Frühlingslisten zusammengestellt habe. Ich möchte ein Beet ganz in Gelb, in allen Gelbschattierungen vom feurigsten Orange bis zum Beinahe-Weiß, und nur Anfänger wie ich werden einschätzen können, wie viel Arbeit und Studium von Gartenbüchern mich das kostet. Ich plane es seit Wochen und bin nicht annähernd fertig. Es soll eine Abfolge von Herrlichkeiten werden, von Mai bis zum ersten Frost, und die wichtigsten Elemente sollen Ringelblumen – die John Keats als »glühend« besang und die ich von Herzen liebe – und Kapuzinerkresse sein. Die Kapuzinerkresse, in allen Sorten und Schattierungen, soll klettern und kriechen und Büsche bilden, damit sie ihre lieblichen Blüten und Blätter vorteilhaft präsentieren kann. Außerdem soll es Goldmohn, Dahlien, Sonnenblumen, Zinnien, Skabiosen, Portulak, gelbe Hornveilchen, gelbe Levkojen, gelbe Duftwicken und gelbe Lupinen geben – alles, was gelb ist oder wovon es gelbe Sorten gibt. Der Ort, den ich dafür ausgesucht habe, ist ein langes, breites Beet; es liegt in der Sonne am Fuß eines grasbewachsenen Hangs, der von Flieder und Kiefern bekrönt wird und nach Südosten ausgerichtet ist. Man geht durch einen kleinen Kiefernhain, biegt um eine Ecke und stößt dann plötzlich auf dieses eingefangene Stück Morgensonne. Ich möchte, dass es nach dem dunklen, kühlen Waldweg blendend hell wirkt.

So sieht meine Vorstellung aus. Schwermut ergreift mich, wenn ich über die wahrscheinliche Diskrepanz zwischen Idee und Umsetzung nachdenke. Ich weiß nicht viel, und der Gärtner, glaube ich, noch weniger; er wollte Tulpen treiben, doch sie sind alle verschrumpelt und tot, und er sagt, er könne sich das nicht erklären. Außerdem ist er in die Köchin verliebt und wird sie nach Weihnachten heiraten und weigert sich, auf irgendeinen meiner Pläne mit angemessener Begeisterung einzugehen; stattdessen sitzt er mit leerem Blick von morgens bis abends da und hackt verträumt Holz, damit der Küchenofen seiner Angebeteten gut versorgt ist. Ich kann nicht nachvollziehen, wie irgendjemand Köchinnen gegenüber Ringelblumen vorziehen kann; diese zukünftigen, noch schattenhaften Ringelblumen, deren Samen noch in der Samenhandlung schlafen, haben meine Wintertage erhellt wie goldene Lampen.

Ich wünschte, ich wäre ein Mann, und zwar von ganzem Herzen, weil ich dann zuallererst einen Spaten kaufen und im Garten arbeiten würde; damit hätte ich das Vergnügen, alles für meine Blumen mit eigener Hand zu tun, und müsste keine Zeit damit verschwenden, jemand anderem zu erklären, was er tun soll. Es ist ermüdend, Anweisungen zu geben und zu versuchen, die strahlenden Visionen des eigenen Hirns einem Menschen zu erklären, der weder Hirn noch Visionen hat und glaubt, ein gelbes Beet sollte aus Pantoffelblumen mit einer blauen Umrandung bestehen.

Ich habe bei der Auswahl meiner gelben Pflanzen darauf geachtet, nur jene Bescheidenen aufzunehmen, die leicht zufriedenzustellen und für jede Kleinigkeit dankbar sind, denn mein Boden ist ganz und gar nicht das, was er sein könnte, und das Klima ist für die meisten Pflanzen ziemlich schwierig. Ich bin jeder Blume aufrichtig dankbar, die robust und gutwillig genug ist, um hier zu gedeihen. Stiefmütterchen scheinen diesen Ort zu mögen, genau wie Duftwicken; Nelken nicht, denn sie brachten letzten Sommer erst nach vielen Liebesdiensten ein paar Blüten hervor. Fast alle Rosen waren Erfolge, trotz des sandigen Bodens, bis auf die Teerose Adam – sie war mit Knospen übersät, die alle kurz vor dem Aufgehen waren, dann aber plötzlich braun anliefen und starben – und drei Dr.-Grill-Hochstämmchen, die nebeneinander standen und einfach schmollten. Ich war ganz begeistert gewesen von Dr. Grill, weil seine Beschreibung in den Katalogen besonders faszinierend klang, und hatte den Dämpfer, den er mir versetzte, zweifellos verdient. »Seid niemals von *irgendetwas* begeistert, meine Lieben«, so wird mein Rat an die Kinderlein lauten, wenn die Zeit gekommen ist, sie auf Feste mitzunehmen, »oder, wenn ihr es seid, zeigt es nicht. Solltet ihr von Natur aus Vulkane sein, seid wenigstens nur schwelende Vulkane. Ihr dürft niemals erfreut aussehen, niemals interessiert und vor allem niemals eifrig. Ruhiger Gleichmut sollte sich in all euren Zügen spiegeln. Zeigt auf keinen Fall, dass ihr einen bestimmten Menschen oder eine bestimmte Sache mögt. Seid kühl, träge und zurückhaltend. Wenn ihr nicht tut, was eure Mutter euch sagt, und euch benehmt wie überschäumende, ausgelassene junge Idiotinnen, werdet ihr nur Zurückweisung ernten. Wenn ihr ihrem Rat folgt, heiratet ihr lauter Prinzen und lebt glücklich und zufrieden bis an euer seliges Ende.«

Dr. Grill muss eine deutsche Rose sein. Je mehr man sich in diesem Teil der Welt darüber freut, jemanden zu sehen, desto weniger erfreut ist der andere; wenn man aber übellaunig ist, heitert sich die Miene des Gegenübers sichtlich auf und wird immer liebenswürdiger, je steifer und säuerlicher man selbst dreinblickt. Aber bei einer Rose war ich auf diese Art von Benehmen nicht vorbereitet und dementsprechend empört über Dr. Grill. Er hatte den besten Platz im Garten – warm, sonnig und geschützt; seine Pflanzlöcher waren mit liebevollster Fürsorge vorbereitet worden; er bekam die appetitlichste Mischung aus Kompost, Lehm und Mist; er wurde die ganze Trockenzeit hindurch eifrig gegossen, während andere, gutwilligere Blumen nichts bekamen; und dennoch weigerte er sich, irgendetwas zu tun außer schwarz und schrumpelig auszusehen. Er starb nicht, aber er lebte auch nicht – er existierte einfach, und zum Ende des Sommers hatte kein einziges Exemplar von ihm auch nur ein Fitzelchen mehr Triebe oder Blätter als im April bei der Pflanzung. Er wäre besser sofort gestorben, denn dann hätte ich gewusst, was zu tun war; stattdessen blockiert er immer noch den besten Platz, sorgfältig eingepackt für den Winter, verdrängt freundlichere Rosen und plant vermutlich, im nächsten Jahr das gleiche Benehmen an den Tag zu legen.

Nun, Prüfungen sind das Los der Menschheit, und Gärtnerinnen bekommen ihren Anteil daran, und auf jeden Fall ist es besser, wenn Pflanzen uns prüfen und nicht Menschen, denn bei Pflanzen wissen wir, dass der Fehler bei uns liegt, während es bei Menschen immer andersherum ist – wer von uns hätte noch nie den Stich verletzter Unschuld empfunden und gespürt, wie kränkend er ist?

Ich habe zwei Besucherinnen im Haus, obwohl ich diese Heimsuchung in keinerlei Weise provoziert habe und mich auf ein glückliches kleines Weihnachtsfest mit dem Zornesmenschen und den Kinderlein gefreut hatte. Die Vorsehung hat anders entschieden. Die Vorsehung greift ganz regelmäßig ein, wann immer ich mich auf etwas freue, und entscheidet anders; ich weiß nicht warum, aber das tut sie. Ich hatte die Damen nicht einmal eingeladen – sie fielen mir ungewollt zu wie der Ruhm dem Bescheidenen. Die eine ist Irais, die süße Sängerin des Sommers, die ich liebe, wie sie es verdient hat, von der ich aber dachte, ich würde sie mindestens ein Jahr lang nicht wiedersehen, als sie mir schrieb und fragte, ob ich sie über Weihnachten aufnehmen könnte, weil ihr Ehemann nicht ganz auf der Höhe sei und sie ihn in diesem Zustand nicht möge. Ich mag kranke Ehemänner auch nicht, also bat ich sie voller Mitgefühl, herzukommen, und nun ist sie da. Und die andere ist Minora.

Warum ich Minora hier haben muss, weiß ich nicht; vor zwei Wochen wusste ich noch nicht einmal von ihrer Existenz. Dann kam ich eines Morgens fröhlich zum Frühstück herunter – es war genau der Tag nach meiner Rückkehr aus England – und fand den Brief einer englischen, bis dahin vollkommen unverdächtigen Freundin vor, die mich bat, mich mit Minora anzufreunden. Ich las den Brief dem Zornesmenschen vor, der Spickgans aß, eine hier sehr gefragte Delikatesse. »Meine liebe Elizabeth«, schrieb meine Freundin, »kümmere Dich doch bitte ein wenig um das arme Ding. Sie studiert Kunst in Dresden und weiß buchstäblich nicht, wo sie Weihnachten verbringen soll. Sie ist sehr ehrgeizig und fleißig –«

»Dann«, unterbrach mich der Zornesmensch, »ist sie nicht hübsch. Nur hässliche Mädchen sind fleißig.«

»– und sie ist wirklich sehr klug –«

»Ich mag kluge Mädchen nicht, sie sind so einfältig«, unterbrach mich der Zornesmensch erneut.

»– und wenn sich keine freundliche Seele wie du ihrer erbarmt, wird sie sehr einsam sein.«

»Dann lass sie doch einsam sein.«

»Ihre Mutter ist meine älteste Freundin, und es würde sie sehr schmerzen, wenn sie wüsste, dass ihre Tochter diese Zeit allein in einer fremden Stadt verbringt.«

»Was geht mich der Schmerz der Mutter an?«

»Ach, du meine Güte«, rief ich ungeduldig, »ich muss sie einladen!«

»*Falls* Du geneigt sein solltest«, fuhr der Brief fort, »die gute Samariterin zu spielen, liebe Elizabeth, bin ich sicher, dass Du in Minora eine aufgeweckte, intelligente Gefährtin finden wirst –«

»Minora?«, fragte der Zornesmensch.

Am Aprilkind klebt seit sechs Wochen eine Gouvernante von der beunruhigend eifrigen Sorte; jetzt schaute sie von ihren Brotbrocken in Milch auf.

»Das klingt wie Inseln«, warf sie nachdenklich ein.

Die Gouvernante hüstelte.

»Majora, Minora, Alderney und Sark«, erklärte ihre Schülerin.

Ich schaute sie streng an.

»Wenn du nicht aufpasst, April«, sagte ich, »wirst du ein Genie, wenn du groß bist, und machst deinen Eltern Schande.«

Miss Jones sah aus, als möge sie keine Deutschen. Ich fürchte, sie verachtet uns, weil sie glaubt, wir seien Ausländer – eine durch und durch britische Geisteshaltung, die ihr zur Ehre gereicht; allerdings betrachten wir *sie* als Ausländerin, was die Dinge natürlich sehr kompliziert macht.

»Muss ich wirklich dieses fremde Mädchen aufnehmen?«, fragte ich, ohne mich an eine spezifische Person zu richten, oder eine Antwort zu erwarten.

»Das musst du nicht«, sagte der Zornesmensch gelassen, »aber das wirst du. Du wirst ihr heute schreiben und sie herzlich einladen, und sobald sie vierundzwanzig Stunden im Haus ist, wirst du mit ihr streiten. Ich kenne dich, meine Liebe.«

»Streiten! Ich? Mit einer kleinen Kunststudentin?«

Miss Jones senkte den Blick. Sie sieht andauernd eine Szene kommen und ist stets bereit, ihr gesamtes Arsenal an

Diskretion und Taktgefühl und gutem Geschmack auf uns abzufeuern, und scheint zu wissen, dass wir unsere Zwistigkeiten auf ungebührliche Weise austragen, obwohl wir selbst nicht im Traum darauf kämen, außer durch die Warnung ihres gesenkten Blicks. Ich würde all meinen Mut zusammennehmen und sie bitten zu gehen, denn neben ihrem Übermaß an diskretem Verhalten ist sie viel zu eifrig und neigt dazu, ständig zu unterrichten und nie zu spielen, obwohl sie nur ein kleines Mädchen betreut; aber leider betet das Aprilkind sie an und ist davon überzeugt, dass niemand je so wunderschön war. Jeden Tag liefert sie neue Berichte über die Pracht ihrer Garderobe und einfühlsame Beschreibungen ihrer Schirme und Hüte; und Miss Jones sieht gekränkt aus und presst die Lippen aufeinander. Wie die meisten Gouvernanten trägt sie einen zarten schwarzen Flaum auf der Oberlippe, und eines Tages erschien das Aprilkind bei Tisch und hatte die eigene Lippe mit einer getreulichen Nachahmung verziert, unter großen Schwierigkeiten mit Hilfe eines Bleistifts und grenzenloser Liebe produziert. Miss Jones ließ sie wegen unverschämten Verhaltens zur Strafe in der Ecke stehen. Ich frage mich, warum Gouvernanten so unangenehm sind. Der Zornesmensch sagt, es liege daran, dass sie nicht verheiratet seien. Ohne mir Kritik an seinem aus Erfahrung geborenen Urteil anzumaßen, möchte ich hinzufügen, dass es sehr anstrengend sein muss, ständig mit gutem Beispiel voranzugehen. Es ist viel einfacher, und oft vergnüglicher, ein warnendes Beispiel abzugeben, und Gouvernanten sind nur Frauen und daher manchmal töricht, und es ist bestimmt lästig, vernünftig sein zu müssen, wenn man töricht sein möchte.

Minora und Irais kamen gestern zusammen an, oder genauer: Als die Kutsche vorfuhr, stieg Irais alleine aus und informierte mich darüber, dass ein fremdes Mädchen auf einem Fahrrad nachkomme. Ich schickte die Kutsche zurück, um sie zu holen, denn es wurde dämmrig und die Straßen sind schrecklich.

»Aber warum hast du überhaupt fremde Mädchen hier?«, fragte Irais ziemlich verdrießlich, während sie vor dem Kaminfeuer in der Bibliothek ihren Hut abnahm und sich dort häuslich einrichtete. »Ich mag fremde Mädchen nicht. Vielleicht sind sie sogar noch schlimmer als Ehemänner, die nicht auf der Höhe sind. Wer ist sie? Sie wollte mit dem Fahrrad vom Bahnhof hierherfahren und ist, da bin ich mir sicher, die erste Frau, die das getan hat. Die kleinen Jungen haben mit Steinen nach ihr geworfen.«

»Ach, meine Liebe, das zeigt nur, wie unwissend diese Jungen sind. Mach dir keine Gedanken um das Mädchen. Lass uns in Frieden Tee trinken, bevor sie kommt.«

»Aber wir wären viel glücklicher ohne sie«, grummelte sie. »Waren wir im Sommer nicht glücklich genug, Elizabeth – nur du und ich?«

»Ja, das waren wir allerdings«, antwortete ich herzlich und legte meine Arme um sie. Die Flamme meiner Zuneigung für Irais lodert am Tag ihrer Ankunft besonders hell; außerdem hatte ich diesmal gegen ihre Sünden mit dem Salzfass vorgesorgt, indem ich angeordnet hatte, dieses bei

Tisch herumzureichen wie die Gemüseplatten. Wir hatten unseren Tee ausgetrunken und sie ging hinauf in ihr Zimmer, um sich umzuziehen, bevor Minora und ihr Fahrrad hergebracht würden. Ich eilte hinaus, um sie zu begrüßen, voller Mitgefühl für sie, weil sie ein so persönliches Fest wie Weihnachten im Kreis fremder Menschen verbringen musste. Aber sie war nicht gerade schüchtern; tatsächlich war sie weniger schüchtern als ich und gab in der Eingangshalle den Dienstboten Anweisungen, wie der Schnee von den Reifen ihrer Maschine zu wischen sei, bevor sie meinen Willkommensworten ihre Aufmerksamkeit schenkte.

»Ich konnte mich Ihrem Kutscher am Bahnhof nicht verständlich machen«, sagte sie schließlich, als ihr Fahrrad zu ihrer Zufriedenheit versorgt war; »ich fragte ihn, wie weit es sei und wie die Straßen aussähen, aber er lächelte nur. Ist er Deutscher? Aber natürlich ist er das – wie eigenartig, dass er mich nicht verstanden hat. Sie sprechen sehr gut Englisch – in der Tat ganz ausgezeichnet, wissen Sie das?«

Mittlerweile waren wir in der Bibliothek angelangt, und sie stand auf dem Kaminvorleger, um sich den Rücken zu wärmen, während ich ihr Tee einschenkte.

»Was für ein drolliger Raum«, bemerkte sie und schaute sich um, »und die Eingangshalle ist auch so seltsam. Sehr alt, oder? Hier gibt es viel Stoff.«

Der Zornesmensch, der bei ihrer Ankunft in der Halle gestanden hatte und mit uns hereingekommen war, sah sich auf dem Teppich um. »Stoff?«, fragte er. »Wo ist hier Stoff?«

»Oh – Stoff für ein Buch, wissen Sie. Ich notiere mir einfach, was mir in Ihrem Land so auffällt, und sobald ich Zeit habe, gieße ich alles in Buchform.« Sie sprach sehr laut, wie es Engländer immer gegenüber Ausländern tun.

»Meine Liebe«, sagte ich atemlos zu Irais, als ich ihr Zimmer erreicht und die Tür hinter mir geschlossen und Minora sicher in ihrem untergebracht hatte, »was sagst du dazu – sie schreibt Bücher!«

»Was – das radelnde Mädchen?«

»Ja – Minora – stell dir vor!«

Wir standen einander gegenüber und sahen uns mit schreckerfüllten Gesichtern an.

»Wie entsetzlich!«, murmelte Irais. »Ich habe noch nie ein junges Mädchen getroffen, das so etwas tat.«

»Sie sagt, dieser Ort sei voller Stoff.«

»Voller was?«

»Stoff, aus dem man Bücher macht.«

»Ach, meine Liebe, das ist noch schlimmer, als ich erwartet hätte! Ein fremdes Mädchen zwischen guten Freundinnen ist immer etwas Langweiliges, damit wird man normalerweise fertig. Aber ein Mädchen, das Bücher schreibt – das ist doch nichts Respektables! Und man kann diese Art von Menschen nicht brüskieren; sie sind unbrüskierbar.«

»Oh, aber wir werden es versuchen!«, rief ich mit solcher Inbrunst, dass wir beide lachen mussten.

Die Eingangshalle und die Bibliothek faszinierten Minora am meisten; tatsächlich lungerte sie nach dem Abendessen so lange in der Halle herum, wo es kalt ist, dass der Zornesmensch als zarte Andeutung seinen Pelzmantel anzog. Seine Andeutungen sind immer zart.

Minora wollte die ganze Geschichte von der Kapelle und den Nonnen und Gustav Adolf hören, zog ein dickes Notizbuch aus der Tasche und begann aufzuschreiben, was ich sagte. Ich verstummte sofort wieder.

»Nun?«, fragte sie.

»Das war alles.«

»Oh, aber Sie haben doch gerade erst angefangen!«

»Weiter geht die Geschichte nicht. Möchten Sie nicht mitkommen in die Bibliothek?«

In der Bibliothek bezog sie wieder ihren Posten vor dem Feuer und wärmte sich, während wir nebeneinandersaßen und froren. Sie hat ein wundervolles Profil, was ärgerlich ist. Allerdings tröstet es mich, dass ihre Augen zu eng beieinanderstehen.

Irais zündete sich eine Zigarette an, lehnte sich in ihrem Sessel zurück und betrachtete Minora unter ihren langen Wimpern hervor. »Sie schreiben ein Buch?«, fragte sie sofort.

»Nun – ja, ich nehme an, das darf ich so sagen. Nur meine Eindrücke von Ihrem Land, wissen Sie. Alles, was mir seltsam oder amüsant vorkommt – ich notiere es, und wenn ich irgendwann Zeit habe, mache ich etwas daraus, wage ich zu behaupten.«

»Studieren Sie nicht Malerei?«

»Ja, aber das kann ich nicht ewig studieren. Wir haben im Englischen ein Sprichwort: ›Das Leben ist kurz, die

Kunst ist lang‹ – zu lang, finde ich manchmal –, und das Schreiben ist eine schöne Entspannung, wenn ich müde bin.«

»Wie wollen Sie es nennen?«

»Oh, ich dachte an *Touren in Teutonien*. Das klingt gut, und wäre korrekt. Oder vielleicht *Tagebuch teutonischer Touren* – ich bin noch nicht ganz sicher, was mir besser gefällt.«

»Von der Verfasserin von *Promenaden in Pommern*, könnten Sie hinzufügen«, schlug Irais vor.

»Und *Dummheiten aus Dresden*«, sagte ich.

»Und *Betisen aus Berlin*«, ergänzte Irais.

Minora starrte uns an. »Ich glaube nicht, dass diese beiden passen würden«, sagte sie, »weil es kein scherzhaftes Buch werden soll. Aber Ihr erster Titel ist ziemlich gut«, fügte sie hinzu, wobei sie Irais ansah und ihr Büchlein herauszog, »Ich glaube, ich werde ihn schnell notieren.«

»Wenn Sie alles notieren, was wir sagen, und es anschließend veröffentlichen, ist das dann überhaupt noch Ihr Buch?«, fragte Irais.

Aber Minora kritzelte so eifrig, dass sie es nicht hörte.

»Und *Sie* haben keine Vorschläge, weiser Mann?«, fragte Irais und wandte sich dem Zornesmenschen zu, der schweigend Rauchwolken ausstieß.

»Oh, Sie nennen ihn ›weiser Mann‹?!«, rief Minora.

Irais und ich tauschten einen Blick aus. Wir wussten, wie wir ihn tatsächlich nannten, und hatten Angst, Minora würde es irgendwann herausfinden und in ihrem Notizbuch festhalten. Der Zornesmensch wirkte nicht allzu erfreut darüber, dass unser neuer Gast direkt vor seiner Nase in der dritten Person von ihm sprach.

»Ehemänner sind immer weise«, sagte ich ernsthaft.

»Aber ›Weise‹ bezieht sich nicht immer auf Ehemänner«, bemerkte Irais mit dem gleichen Nachdruck. »Weise und Ehemänner – Weise und Weise –, fuhr sie gedankenverloren fort, »was fällt Ihnen dazu ein, Miss Minora?«

»Oh, ich weiß – wie dumm von mir!«, rief Minora eifrig; ihr Bleistift schwebte in der Luft während ihr Hirn nach der flüchtigen Assoziation haschte, »Weise und Weise – warum, – ja, – nein, – ja, natürlich – oh«, sagte sie enttäuscht, »aber das ist zu platt, das kann ich nicht unterbringen.«

»Was ist platt?«, fragte ich.

»Sie findet ›die Weise für den Weisen‹ zu platt«, sagte Irais gelangweilt, »aber das ist sie nicht, sie klingt sehr hübsch.« Sie stand auf, setzte sich ans Klavier, ließ ihre Finger eine Zeit lang über die Tasten gleiten und begann zu singen.

»Spielen Sie auch?«, fragte Minora.

»Ja, aber ich fürchte, ich bin ziemlich außer Übung.«

Ich sagte nichts mehr, weil ich weiß, welches Niveau an Klavierspiel *damit* gemeint ist.

Als wir unsere Schlafzimmerkerzen anzündeten, wechselte Minora plötzlich in eine vollkommen unverständliche Sprache. Wir starrten sie an. »Was ist mit ihr?«, flüsterte Irais.

»Ich dachte«, sagte Minora wieder auf Englisch, »Sie

würden vielleicht lieber Deutsch sprechen, und mir ist es gleich, in welcher Sprache wir uns unterhalten –«

»Oh, bitte bemühen Sie sich nicht«, unterbrach Irais. »Wir packen gern unser Englisch für Sie aus – nicht wahr, Elizabeth?«

»Ich möchte aber nicht, dass mein Deutsch einrostet«, wandte Minora ein. »Es wäre schade, wenn ich es vergesse.«

»Oh, aber Vergessen kann viel klüger sein als Erinnern! Gibt es da so nicht ein Lied, »Erinnerung ist närrisch, die Weisheit schnell vergisst«?

»Ich hoffe, es macht Sie nicht nervös, allein zu schlafen«, warf ich hastig ein.

»In welchem Zimmer ist sie?«, fragte Irais.

»Nr. 12.«

»Oh! – glauben Sie an Gespenster?«

Minora wurde blass.

»So ein Unsinn«, sagte ich, »wir haben hier keine Gespenster. Gute Nacht. Wenn Sie etwas brauchen, läuten Sie einfach.«

»Und wenn Sie irgendetwas Seltsames in diesem Raum bemerken«, rief Irais von ihrer Zimmertür aus, »vergessen Sie nicht, es aufzuschreiben!«

27. Dezember

Ich glaube, es ist zurzeit Mode, Weihnachten als etwas Langweiliges und ziemlich Grobes zu betrachten, als eine Zeit, in der man dazu aufgerufen ist, sich zu überfressen und grundlose Heiterkeit zu heucheln. Tatsächlich aber ist es eine der schönsten und poetischsten Traditionen, wenn man es auf die richtige Weise zelebriert. Nach einem Jahr, in dem man zu allen mehr oder weniger unfreundlich war, ist es ein Segen, an diesem einen Tag zur Liebenswürdigkeit gezwungen zu sein, und zweifellos bereitet es großes Vergnügen, Geschenke machen zu dürfen, ohne von der Sorge verfolgt zu werden, die Empfänger zu verwöhnen und später darunter leiden zu müssen. Dienstboten sind nichts als große Kinder, und man kann sie mit kleinen Geschenken und guten Sachen zum Essen ebenso glücklich machen wie Kinder; und schon seit Tagen erwarten die drei Kinderlein jedes Mal, wenn sie durch den Garten streifen, das mit Geschenken beladene Christkind anzutreffen. Sie glauben fest daran, dass ihre Geschenke so zu ihnen gelangen, und der Gedanke ist so bezaubernd, dass es sich allein dafür lohnen würde, Weihnachten zu feiern.

Weil strengste Geheimhaltung herrscht, fallen die Vorbereitungen komplett mir zu, und das ist keine ganz einfache Aufgabe, mit so vielen Menschen in unserem Haus und auf jedem der Bauernhöfe und all den Kindern, großen und kleinen, die ihren Anteil Glück erwarten. Die Bibliothek ist davor und danach tagelang unbewohnbar, weil wir dort die Bäume und die Geschenke aufbauen. An der einen Seite stehen die Bäume, und vor den übrigen drei Wänden sind Tische aufgereiht, jeweils einer für jede Person im Haus. Wenn die Kerzen an den Bäumen brennen und ihr Strahlen die glücklichen Gesichter leuchten lässt, vergesse ich alle Mühen, die es mich gekostet hat, die vielen Gänge treppauf und treppab, die verschiedenen Kopf- und Fuß- schmerzen, und freue mich genau wie alle anderen. Erst wird das Junikind hereingeholt, dann die anderen und wir Erwachsenen, nach Alter sortiert, dann die Dienstboten, dann kommt der Oberaufseher mit seiner Familie, die übri- gen Aufseher der verschiedenen Höfe, die Mamsellen, die Buchhalter und Sekretäre und dann sämtliche Kinder, ganze Horden von Kindern – die großen führen die kleinen an der Hand und tragen die Babys auf dem Arm, und die Mütter spähen durch die Tür. So viele, wie nur hinein- passen, stehen vor den Bäumen und singen zwei oder drei Weihnachtslieder; dann bekommen sie ihre Geschenke und ziehen triumphierend ab, um Platz zu machen für die nächste Gruppe. Auch meine drei Kinderlein singen lust- voll mit, egal, ob sie die Lieder kennen oder nicht. Sie haben zur Feier des Tages weiße Kleidchen an, und das Junikind ist sogar in ein tief ausgeschnittenes, kurzärmeli- ges Kleidchen gewandet, wie es teutonische Kleinkinder unabhängig vom Thermometerstand tragen. Ihre Arme sehen aus wie die eines Miniatur-Preisringers – so etwas habe ich noch nie gesehen; sie sind der Stolz und die Freude ihres Kindermädchens, die sie mit blauen Schleifen verziert hat und immer wieder abküsst. Wenn diese Arme so bleiben, kann ich sie keinesfalls auf Bälle mitnehmen, wenn sie größer wird.

Als sie zum Gutenachtsagen hereinkamen, waren sie alle ganz blass und matt. Das Aprilkind hatte eine erschöpft wirkende japanische Puppe dabei, die sie ins Bett bringen wollte – nicht, weil sie die Puppe so gern mochte, sondern aus Mitleid, weil sie so müde aussah. Sie küssten mich geistesabwesend und gingen hinaus; nur das Aprilkind warf im Vorbeigehen einen Blick auf die Bäume und machte einen Knicks.

»*Good-bye*, Bäume«, hörte ich sie sagen, und dann ließ sie die japanische Puppe eine Verbeugung vor ihnen machen, was diese auf eine sehr schlaffe und blasierte Weise tat. »Solche Bäume wirst du nie wieder sehen«, erklärte sie der Puppe und schüttelte sie strafend, »weil du schon lang vor dem nächsten Mal *kaputted* bist.«

Sie ging hinaus, kam aber zurück, als hätte sie noch etwas vergessen.

»Sag dem Christkind vielen Dank, Mummy, ja? Für die ganzen schönen *things*, die es uns gebracht hat. Du schreibst ihm doch ganz bestimmt, jetzt gleich, oder?«

Ich kann nichts Grobes an unserem Weihnachtsfest finden, und wir waren vollkommen glücklich, ohne in irgendeiner Weise heucheln zu müssen; mindestens zwei Tage lang brachte es uns einander näher und machte uns liebenswürdig. Glück ist so gesund – es belebt mich und erwärmt mich viel stärker für das Frommsein als beliebige Mengen an Prüfungen oder Kümmernissen, und ein unerwartetes Vergnügen ist das sicherste Mittel, um mich zum Niederknien zu bringen. Obwohl es speziell veranlagte Leute gibt, die behaupten, ihre Prüfungen hätten sie zu besseren Menschen gemacht, glaube ich das nicht. Solche Dinge müssen uns säuerlich machen, genau wie Glück uns versüßt und uns freundlicher und sanfter werden lässt. Und wer kann bestätigen, dass wir für Prüfungen dankbarer sein sollten als für Segnungen? Wir sind dazu bestimmt, glücklich zu sein und alles Glück, das uns angeboten wird, dankbar anzunehmen – tatsächlich ist niemand von uns je dankbar genug, obwohl wir alle so viel bekommen, so ungeheuer viel mehr, als wir verdient haben. Ich kenne eine Frau – sie war letzten Sommer zu Besuch bei mir –, die eine grimmige Freude empfindet, wenn Menschen, die sie liebt, leiden müssen. Sie glaubt, das sei unser Schicksal und es stähle uns und tue uns gut, und sie würde niemals jemandem auch nur den unnötigsten Schmerz ersparen; sie weint mit den Leidenden, ist aber überzeugt, das sei alles nur zu ihrem Besten. Von mir aus soll sie bei ihren düsteren Überzeugungen bleiben; sie hat weder einen Garten, der ihr die Schönheit und das Glück des Heiligen nahebringen könnte, noch den geringsten Wunsch, einen zu besitzen; ihre Glaubenssätze haben den traurigen Grauton der schäbigen Straßen und Häuser, zwischen denen sie lebt – die triste Farbe von Menschenmassen. Sich dem zu unterwerfen, was die

Leute »Schicksal« nennen, ist schlicht unwürdig. Wenn unser Schicksal uns zum Weinen bringt und ins Elend stürzt, sollten wir es abschütteln und ein anderes wählen; wir müssen für uns selbst eintreten und nicht auf das Geschrei, den Spott oder das Flehen unserer Verwandtschaft hören; unser winziges Umfeld darf unser Kommen und Gehen nicht bestimmen; wir dürfen uns nicht vor der öffentlichen Meinung in Gestalt der Nachbarn nebenan fürchten, wenn die ganze Welt neu und strahlend vor uns ausgebreitet liegt und alles möglich ist, solange wir nur energisch und unabhängig bleiben und jede Gelegenheit beim Schopf ergreifen.

»Wenn man dich so reden hört«, sagte Irais, »käme man nie auf die Idee, dass du deine Tage in einem Garten über einem Buch verträumst und noch nie im Leben irgendetwas beim Schopf ergriffen hast. Was ist überhaupt ein Schopf? Ich hoffe, ich habe keinen.« Und sie verdrehte ihren Kopf vor dem Spiegel.

Sie und Minora wollten mir eigentlich beim Schmücken der Bäume helfen, aber Irais schlenderte schon bald zum Klavier hinüber, und Minora war müde und nahm ein Buch zur Hand, also rief ich Miss Jones und die Kinderlein – es war Miss Jones' letzter öffentlicher Auftritt, wie noch zu berichten sein wird –, und nach fast zwei Tagen Arbeit waren die Bäume fertig und sahen aus wie wunderschöne Damen, die mit glitzernden Fingern ihre Kleider über ausladenden, funkelnden Unterröcken rafften. Minora notierte eine ausführliche Beschreibung der Bäume für ein Kapitel ihres Buchs, das den Titel *Noel* trug – das sah ich, weil sie es offen auf dem Tisch liegen ließ, während sie mit Miss Jones plauderte. Sie waren von Anfang an gute Freundinnen, und obwohl es angeblich etwas Natürliches ist, die eigenen Landsleute zu mögen, kann ich diesen Grund für plötzliche Zuneigung überhaupt nicht nachvollziehen.

»Ich frage mich, worüber sie reden«, sagte ich gestern zu Irais, als Minora so tief ins Gespräch mit Miss Jones vertieft war, dass wir sie nicht dazu bewegen konnten, zum Tee zu kommen.

»Ach du liebe Güte, woher soll ich das wissen? Liebhaber, würde ich vermuten, oder aber sie halten sich für klug und reden deshalb dummes Zeug.«

»Natürlich hält sich Minora für klug.«

»Das glaube ich auch. Aber was spielt es schon für eine Rolle, wofür sie sich hält? Und warum schaut deine Gouvernante so trübselig drein? Beim Mittagessen kommt sie mir immer so vor, als hätte sie gerade gehört, dass jemand gestorben sei. Aber das kann sie unmöglich jeden Tag hören. Was ist los mit ihr?«

»Ich glaube, ihr Innenleben ist nicht so ordentlich wie ihr Äußeres«, sagte ich zweifelnd; ich versuchte ständig, eine Erklärung für Miss Jones' Gesichtsausdruck zu finden.

»Aber das ist doch ziemlich erfreulich«, meinte Irais. »Es wäre schrecklich für sie, wenn sie sich genauso fühlen würde, wie sie aussieht.«

In diesem Moment ging die Tür zum Schulzimmer leise

auf, und das Aprilkind kam heraus; sie hatte keine Lust mehr zu spielen und setzte sich mir zu Füßen, wobei sie die Tür offen ließ, und so hörten wir Miss Jones sagen –

»Eltern sind selten klug, und es muss ein schrecklicher Zwang sein, den sich die gewissenhaften unter ihnen auferlegen, um vor ihren Kindern und Gouvernanten so zu erscheinen. Auch Geistliche sind nicht frommer als andere Menschen und müssen sich dennoch ständig vor ihren Schäfchen so präsentieren. Was Gouvernanten angeht, Miss Minora, weiß ich, wovon ich spreche, wenn ich Ihnen versichere, dass es nichts Unerträglicheres gibt, als höflich oder sogar unterwürfig bleiben zu müssen gegenüber Leuten, deren Schwächen und Tollheiten einem aus jedem ihrer Worte entgegenspringen, und durch die Gegenwart von Kindern und Arbeitgebern dazu gezwungen zu sein, eine äußere Würde zu wahren, die nichts mit den eigenen Gefühlen zu tun hat. Der gravitätische Familienvater, wahrscheinlich als Junggeselle alles andere als respektabel, ist am eigenen Esstisch ein interessantes Studienobjekt; dort muss er sich nur deshalb ein Gehabe der Unfehlbarkeit zulegen, weil seine Kinder ihm zusehen. Dabei stattet ihn die bloße Tatsache der Elternschaft ja nicht plötzlich mit irgendwelchen überlegenen Tugenden aus, und ich kann ihnen versichern, dass unter all den Blicken, die auf ihm ruhen, die der bescheidenen Person auf dem Posten der Gouvernante zu den besonders kritischen und besonders amüsierten gehören.«

»Oh, Miss Jones, wie wundervoll!«, hörten wir Minora

verzückt ausrufen, während wir vor Entsetzen über diesen Gefühlsausbruch wie erstarrt dasaßen. »Macht es Ihnen etwas aus, wenn ich das in mein Buch aufnehme? Sie drücken das alles so schön aus.«

»Wer könnte sich durch ganze Tage des korrekten Benehmens kämpfen«, fuhr Miss Jones fort, »ohne ein paar private Stunden der Entspannung als Entschädigung für die Mühsal öffentlich zur Schau gestellter Tugenden? Es gäbe keine Gegenbewegung, keinen Raum für höhere Instinkte, keinen Ort der Reue. Eltern, Priester und Gouvernanten wären in der Situation einer beleibten Dame, die niemals einen unbeobachteten Augenblick erlebt, in dem sie ihr Korsett ablegen könnte.«

»Du liebe Güte, da lodert ja ein Feuer!«, flüsterte Irais. Ich stand auf und ging hinein. Sie saßen auf dem Sofa; Minora hatte die Hände gefaltet und schaute bewundernd in Miss Jones' Gesicht, das einen ganz anderen Ausdruck zeigte als jene säuerliche, widerwillige Schicklichkeit, an die ich gewöhnt war.

»Darf ich Sie bitten, zum Tee zu kommen?«, sagte ich zu Minora. »Und ich würde die Kinder gerne ein bisschen bei mir haben.«

Sie stand nur sehr widerwillig auf, aber ich wartete an der offenen Tür, bis sie herauskam, die beiden Kinderlein hinterdrein. Sie hatten sich damit vergnügt, einander Schnipsel aus Zeitungspapier ins Ohr zu stopfen, während Miss Jones edle Gedanken für Minoras Werk beisteuerte, und mussten anschließend mit der Pinzette gefoltert werden. Ich sagte nichts zu Minora, behielt sie aber bis zum Abendessen bei uns, und heute Morgen unternahmen wir eine lange Schlittenfahrt. Als wir zum Mittagessen nach Hause kamen, war keine Miss Jones mehr da.

»Ist Miss Jones krank?«, fragte Minora.

»Sie ist weg«, sagte ich.

»Weg?«

»Haben Sie noch nie von so etwas wie kranken Müttern gehört?«, fragte Irais sanft, und wir wechselten entschlossen das Thema.

Den ganzen Nachmittag über blies Minora Trübsal. Sie hatte eine verwandte Seele gefunden, und sie war ihr skrupellos entrissen worden, wie es einem mit verwandten Seelen so oft geschieht; das genügt, um einen trübselig zu machen. Die Ärmste – es ist nicht ihr Fehler, dass sie die Gesellschaft von Miss Jones der von Irais und mir vorzog.

Beim Abendessen musterte Irais sie mit schräggelegtem Kopf. »Sie sehen so blass aus«, sagte sie, »geht es Ihnen nicht gut?«

Minora hob langsam die schweren Lider, auf die geduldige Art derer, die als leidend erkannt werden möchten. »Ich habe leichte Kopfschmerzen«, antwortete sie leise.

»Ich hoffe, Sie werden nicht krank«, sagte Irais ganz besorgt, »hier gibt es nämlich nur einen Tierarzt für Kühe, und er meint es zwar gut, ist aber doch ein wenig grob.«

Minora war sichtlich verblüfft. »Aber was tun Sie, wenn Sie krank werden?«, fragte sie.

»Oh, wir werden nie krank«, beruhigte ich sie, »schon

das Wissen, dass niemand da ist, der uns kurieren könnte, scheint uns gesund zu halten.«

»Und sobald sich jemand ins Bett legt«, ergänzte Irais, »ruft Elizabeth den Tierarzt.«

Minora schwieg. Ich bin mir sicher, sie hat das Gefühl, in einen ausschließlich von Barbaren bevölkerten Teil der Welt geraten zu sein, aus dem das einzige zivilisierte Wesen außer ihr selbst abgereist ist und sie uns schutzlos ausgeliefert hat. Wie ihre Überlegungen auch aussehen mögen – ihre Symptome bessern sich merklich.

1. Januar

Der Silvestergottesdienst in unserer kleinen Kirche ist der einzige im ganzen Jahr, der mich wenigstens ein bisschen beeindruckt; gerade die Kargheit und Hässlichkeit des Ortes gibt der Zeremonie eine Wirkung, die eine gemütlicher Andacht in einer hell erleuchteten Kirche niemals hätte. Gestern Abend nahmen wir Irais und Minora mit und fuhren die fünf einsamen Kilometer mit dem Schlitten. Es war stockdunkel, und der Wind peitschte. Wir saßen bis über die Nasenspitze in Pelze gewickelt da, stumm wie ein Trauerzug.

»Jetzt fahren wir zur Beerdigung der letztjährigen Sünden«, sagte Irais, als wir einstiegen, und es lag eindeutig ein Grabesgefühl in der Luft. Oben auf unserer Empore versuchten wir unsere Choräle im Licht von zischenden, in Balkenlöchern steckenden Talgkerzen zu entziffern, deren Flammen vom Luftzug wild hin und her gerissen wurden. Der Wind krachte in heftigen Stößen gegen die Fenster, heulte lauter als die Orgel und drohte die schwankenden Lichter ganz auszublasen. Auf seiner düsteren Kanzel, umgeben von staubigen Engelsfiguren, wirkte der Pfarrer furchteinflößend wie die Verkörperung einer drohenden Macht, wenn er seine Stimme erhob, um den Lärm zu übertönen. Im Dunkeln sitzend, fühlte ich mich sehr klein und einsam und schutzlos, allein in einer großen, weiten schwarzen Welt. Die Kirche war kalt wie ein Grab, einige der Kerzen flackerten und verlöschten, der Pfarrer in seinem schwarzen Talar sprach vom Tod und vom Jüngsten Gericht, ich meinte eine Kinderstimme kreischen zu hören, konnte kaum glauben, dass es nur der Wind war, und fühlte mich unbehaglich und voller düsterer Vorahnungen; all mein Glauben und mein Weltbild verließen mich, und ich hatte das furchtbare Gefühl, mir stehe eine Bestrafung bevor, auch wenn ich nicht genau wusste, wofür. Ohne die Dunkelheit und das verzweifelte Heulen des Windes hätte ich den Drohungen, die von der Kanzel emporschallten, nur wenig Aufmerksamkeit geschenkt, so aber begann ich, mir gute Vorsätze auszudenken. Das ist immer ein schlechtes Zeichen – gute Vorsätze haben nur Leute, die sie anschließend brechen, und wenn man einfach und natürlich das tut, was jeweils richtig ist, ist es vollkommen überflüssig, sich das vorher vorzunehmen. Ich nehme mir an Silvester schon seit Jahren nichts mehr vor, und letzte Nacht tat ich es nur, weil der Sturm mich geschwächt hatte; ich habe schon vor langer Zeit herausgefunden, dass das Jahr und die Vorsätze zwar neu sein mögen, ich selbst aber die alte bin und es nichts bringt, neuen Wein in alte Schläuche zu füllen.

»Aber ich bin kein alter Schlauch«, protestierte Irais empört, als ich mich ein paar Stunden später in der Bibliothek über meine Erkenntnisse ausließ und mein Weltbild dank Wärme und Licht ganz wiederhergestellt war, »und ich habe gemerkt, dass mich meine Vorsätze bis in den

Frühling sehr schön tragen. Ich überprüfe sie am Ende jedes Monats und streiche die überflüssigen. Bis Ende April habe ich sie so gründlich geprüft, dass keine mehr übrig sind.«

»Na also, daran siehst du, dass ich recht habe: Wenn du kein alter Schlauch wärst, würde sich dein neuer Inhalt allmählich ganz freundlich einrichten und ein Teil von dir werden, und die Umsetzung deiner Vorsätze hätte gar nichts Bitteres mehr, weil sie zur Gewohnheit würden.«

Sie schüttelte den Kopf. »Solche Sachen verlieren ihre Bitterkeit nie«, sagte sie, »deshalb lasse ich nicht zu, dass sie bis zum Sommer an mir kleben bleiben. Sobald der Mai gekommen ist, überlasse ich mich der Heiterkeit wie die ganze Welt ringsum und bin zu beschäftigt mit Glücklichsein, um mich um irgendetwas zu scheren, das ich mir in den kalten, dunklen Tagen vorgenommen habe.«

»Und genau deshalb habe ich dich so gern«, dachte ich. Sie spricht oft das aus, was ich empfinde.

»Ich frage mich«, fuhr sie nach einer Pause fort, »ob Männer je gute Vorsätze fassen?«

»Das glaube ich nicht. Nur Frauen erlauben sich einen solchen Luxus. Wenn man sonst nichts zu tun hat, ist es ein nettes Gefühl, sich endloser Kümmernis und Zerknirschung hinzugeben und bis über die Nase in Reue zu baden, aber es ist albern. Warum über Dinge weinen, die geschehen sind? Warum überhaupt unartig sein, wenn man es hinterher bereut? Niemand benimmt sich daneben, ohne Spaß daran zu haben, und wer es bereut, bereut es nur aus Angst, ertappt zu werden.«

»Mit ›niemand‹ meinst du natürlich Frauen«, bemerkte Irais.

»Selbstverständlich, die beiden Begriffe sind synonym. Außerdem haben Männer in der Regel den Mut, zu ihren Meinungen zu stehen.«

»Ich hoffe, Sie hören zu, Miss Minora«, sagte Irais in dem liebenswürdig-höflichen Ton, den sie anschlägt, wann immer sie mit dieser jungen Person spricht.

Mitternacht rückte allmählich näher, und wir saßen ums Kaminfeuer, warteten auf das neue Jahr und tranken Glühwein, den der Zornesmensch auf einem kleinen Tischchen zubereitete. Er war heiß und süß und ziemlich ekelhaft, aber es gilt als angemessen, ihn in dieser einen Nacht zu trinken, deshalb taten wir es natürlich.

Minora mag weder Irais noch mich. Wir fanden das schon bald heraus und lachten darüber, wenn wir zu zweit waren. Ich kann ihre Abneigung gegen Irais nachvollziehen, aber wenn sie mich nicht mag, muss sie vollkommen verdreht sein. Irais hat sich über sie lustig gemacht, während ich, so hoffe ich, sehr freundlich war; trotzdem stehen wir zusammen auf ihrer schwarzen Liste. Außerdem ist es offenkundig, dass sie den Zornesmenschen als interessantes Beispiel für einen Ehemann betrachtet, der schlecht behandelt und falsch verstanden wird, und sie hat die Neigung, ihn unter ihre Fittiche zu nehmen und ihn bei jeder Gelegenheit gegen uns zu verteidigen. Er spricht nie mit ihr; wortkarg ist er immer, aber gegenüber Minora scheint er seine Zunge eingebüßt zu haben und sitzt undurchdring-

lich da wie eine Sphinx, während sie uns wegen irgendeiner profanen Bemerkung zur Rede stellt, die wir an ihn
gerichtet hatten. Eines Abends, ein paar Tage nach ihrer
Ankunft, zeigte sie eine Ausgelassenheit, die inzwischen
wieder verschwunden ist, und versuchte, ihm gegenüber
neckisch zu sein; aber sie hätte ebenso gut versuchen können, eine Statue zu necken. Die Frau eines Bediensteten
hatte gerade einen Jungen bekommen, den ersten nach
einer Serie von fünf Töchtern, und wir stießen beim Abendessen auf die Gesundheit aller Beteiligten an, wobei der
Zornesmensch den glücklichen Vater dazu brachte, sein
Glas in einem Zug auszutrinken, mit militärisch aneinan-
dergepressten Hacken. Minora fand den Vorfall typisch für
die deutschen Sitten und machte sich nicht nur Notizen
darüber, sondern hielt beim Zuprosten herzhaft mit und
wurde prompt neckisch.

Zunächst schlug sie vor, uns einen Tanz namens »Wa-
shington Post« beizubringen, der, wie sie sagte, in England
sehr beliebt sei; um uns zum Lernen zu animieren, spielte
sie uns die Melodie auf dem Klavier vor. Ungerührt von
deren Schönheit, blieben wir in unseren Polstersesseln vergraben und rösteten unsere Zehen am Feuer. Zu diesen
Zehen gehörten die des Zornesmenschen, der friedlich in
einem Buch las und rauchte. Minora bot an, uns die Schritte
zu zeigen, und tanzte, als wir uns immer noch nicht rühr-
ten, allein hinter unseren Sesseln herum. Irais wandte
nicht einmal den Kopf, um hinzusehen. Ich war als Einzige
liebenswürdig oder höflich genug, das zu tun. Habe ich es

verdient, auf Minoras Liste unliebsamer Menschen Seite an Seite mit Irais aufzutauchen? Bestimmt nicht. Dennoch stehe ich ganz sicher dort.

»Natürlich fehlt die Musik«, stellte Minora atemlos fest, wobei sie zwischen den Sesseln hin- und herschoss; sie sprach scheinbar zu mir, schaute aber den Zornesmenschen an.

Niemand antwortete.

»Das ist *so* ein hübscher Tanz«, keuchte sie wieder, nach ein paar weiteren Umdrehungen

Keine Antwort.

»Zu Hause ist er groß in Mode.«

Keine Antwort.

»Ich bringe ihn Ihnen gerne bei. Wollen *Sie* es nicht versuchen, weiser Mann?«

Sie ging zu ihm hinüber und machte einen kleinen Knicks. Sie nennt ihn immer so und übersieht dabei vollkommen die – für alle anderen offenkundige – Tatsache, dass er das nicht ausstehen kann.

»Ach, kommen Sie, legen Sie das langweilige alte Buch weg«, fuhr sie fröhlich fort, als er sich nicht rührte, »ich bin sicher, das ist irgendwelches trockenes Landwirtschaftszeug, über dem Sie nur einnicken. Tanzen ist viel besser für Sie.«

Irais und ich schauten einander ziemlich beunruhigt an. Ich bin sicher, dass wir beide blass wurden, als das unglückselige Mädchen ihm tatsächlich mit Gewalt das Buch entriss und mit einem spielerischen kleinen Kreischen damit fortrannte ins Nachbarzimmer, wobei sie es an ihren Busen presste und sich schalkhaft über die Schulter nach ihm umsah. Es gab eine entsetzliche Pause. Wir wagten kaum, aufzusehen. Dann erhob sich der Zornesmensch langsam, klopfte die Asche von seiner Zigarre ab, schaute auf die Uhr und ging durch die gegenüberliegende Tür in seine eigenen Räume, wo er den Rest des Abends verbrachte. Seitdem war sie nie wieder neckisch, das muss ich zugeben.

»Ich hoffe, Sie hören zu, Miss Minora«, sagte Irais, »weil diese Art von Gespräch Ihnen wahrscheinlich guttun würde.«

»Ich höre immer zu, wenn Menschen vernünftig reden«, antwortete Minora und rührte ihren Grog um.

Irais betrachtete sie; ihre Augenbrauen verrieten leichte Zweifel. »Sind Sie mit dem einverstanden, was unsere Gastgeberin über Frauen gesagt hat?«, fragte sie nach einer Pause.

»Dass sie niemand seien? Nein, natürlich nicht.«

»Und dennoch hat sie recht. Im Auge des Gesetzes existieren wir in unserem eigenen Land buchstäblich nicht. Wussten Sie, dass Frauen hier keine politischen Versammlungen besuchen dürfen?«

»Wirklich?« Das Notizbuch erschien.

»Das Gesetz verbietet ausdrücklich, dass Frauen, Kinder und Schwachsinnige an solchen Treffen teilnehmen.«[1]

---

1 Es ist unklar, worauf Elizabeth hier anspielt. Im *Preußischen Vereinsgesetz*

»Kinder und Schwachsinnige – das kann ich verstehen,« sagte Minora, »aber Frauen? Und sie werden in die gleiche Kategorie wie Kinder und Schwachsinnige gesteckt?«

»Wie Kinder und Schwachsinnige«, wiederholte Irais und nickte ernst. »Wussten Sie, dass es Frauen jedes Alters verboten ist, auf dem Oberdeck von Pferdebussen oder Straßenbahnen zu fahren?«

»Ist das wirklich wahr?«

»Wissen Sie, warum?«

»Ich habe keine Ahnung.«

»Weil die Mitfahrenden, wenn sie die Treppe hinauf- oder hinuntersteigen, vielleicht einen Blick auf ihre bestrumpften Knöchel erhaschen könnten.«

»Aber was –«

»Wussten Sie nicht, dass die Moral der deutschen Öffentlichkeit in einem derart wackeligen Zustand ist, dass ein auf diese Weise erhaschter Blick fatal für sie wäre?«

»Aber ich verstehe nicht, wie ein Strumpf –«

»Ein geringelter«, sagte Irais.

»Mit gestopften Löchern«, fügte ich hinzu,

»– überhaupt schädlich sein könnte?«

»*Der schädliche Strumpf, oder: Anmerkungen zur Ethik des Unterrocks*«, schlug Irais vor. »Schreiben Sie sich das auf, als Titel für Ihr nächstes Buch über Deutschland.«

---

von 1850 ist von Kindern und Schwachsinnigen nicht die Rede; dort heißt es: »Frauenspersonen, Schüler und Lehrlinge dürfen den Versammlungen und Sitzungen solcher politischer Vereine nicht beiwohnen.«

»Ich weiß nie«, beschwerte sich Minora und ließ ihr Notizbuch fallen, »ob Sie etwas ernst meinen oder nicht.«

»Das wissen Sie nicht?«, fragte Irais liebenswürdig.

»Ist es wahr«, wandte sich Minora an den Zornesmenschen, der im Hintergrund mit seinen Zitronen beschäftigt war, »dass Ihr Gesetz Frauen in die gleiche Kategorie steckt wie Kinder und Schwachsinnige?«

»Aber sicher«, antwortete er sofort, »und das ist auch eine sehr passende Klassifizierung.«

Wir schauten ihn verblüfft an. »Das ist grob«, sagte ich schließlich.

»Die Wahrheit ist immer grob, meine Liebe«, erwiderte er herablassend. Dann fügte er hinzu: »Wenn ich heute den Auftrag bekäme, ein neues Gesetzbuch zu entwerfen, und vorher – wie in letzter Zeit – das Privileg genossen hätte, den Gesprächen der drei anwesenden jungen Damen zu lauschen, würde ich genau die gleiche Klassifizierung vornehmen.«

Selbst Minora war jetzt empört.

»Sie teilen uns auf die unverblümteste Weise mit, dass wir Schwachsinnige seien«, sagte Irais.

»Schwachsinnige? Nein, nein, keinesfalls. Aber Kinder – nette, liebenswürdige kleine Kinder. Ich höre sehr gerne zu, wenn Sie miteinander reden. Das ist alles so jung und frisch, was Sie denken, und vollkommen folgenlos für den Rest der Welt.«

»Vollkommen folgenlos?«, rief Minora. »Was wir glauben, hat für uns sehr schwerwiegende Folgen.«

»Verhöhnen Sie unsere Überzeugungen?«, erkundigte sich Irais streng.

»Nie im Leben. Ich würde auf gar keinen Fall Ihre hübschen kleinen Überzeugungen stören oder verändern wollen. Dass Sie immer alles glauben, macht ja gerade Ihren Charme aus. Wie verzweifelt wäre unsere Lage, wenn junge Damen nur an Tatsachen glauben und ausschließlich ihren eigenen Augen trauen würden, statt den Zusicherungen anderer Menschen Vertrauen zu schenken! Sie hätten keinerlei Illusionen mehr, und eine desillusionierte Frau gehört zu den unerfreulichsten und am schwierigsten zu handhabenden Dingen überhaupt.«

»Dingen?«, protestierte Irais.

Der Zornesmensch, der normalerweise zu Schweigsamkeit neigt, gleicht das von Zeit zu Zeit aus, indem er unnötig langatmige Reden schwingt. Diesmal bezog er vor dem Kamin Stellung, mit dem Rücken zum Feuer und einem Glas Glühwein in der Hand. Minora hatte seine Stimme bisher kaum je gehört, so schweigsam war er seit ihrer Ankunft gewesen; sie wartete mit erhobenem Bleistift, bereit, alle Weisheit für immer festzuhalten, die von seinen Lippen perlen würde.

»Was würde aus der Dichtkunst werden, wenn Frauen so vernünftig würden, dass die poetischen Plattitüden der Liebe auf taube Ohren träfen? Dass die Liebe in Plattitüden schwelgt, werden Sie vermutlich zugeben.« Er schaute Irais an.

»Ja, es ist immer wieder das Gleiche«, gab sie zu.

»Wer würde je große Reden darüber schwingen, wie schön es sei, sich für die Liebe zu opfern, wenn die Zuhörerin sich aus mangelndem Schönheitssinn nur ein einziges Opfer vorstellen kann, und zwar sich selbst?«

Minora schrieb alles mit, Wort für Wort – möge es ihr von Nutzen sein.

»Wer hätte noch den Mut zu beteuern, dass er an einer Zurückweisung sterben müsse, wenn das nur den Rat einbringen würde, weniger zu essen und sich mehr an der frischen Luft zu bewegen? Frauen sind für solche Lügen verantwortlich, weil sie ihnen Glauben schenken. Ihre erstaunliche Eitelkeit lässt sie Schmeicheleien schlucken, deren Grobheit eine Beleidigung ist, und Männer werden immer willens sein, genau die Zahl an Lügen vorzubringen, die eine Frau hören möchte. Wer stürzt sich tollkühner in pompöse Übertreibungen als ein Liebhaber, der hofft, aber noch nicht erhört wurde? Wie eine Nachtigall singt er in unaufhörlichen Variationen, führt all sein Können vor, wiederholt unermüdlich seine süßesten Töne, bis er bekommen hat, was er will; dann endet sein Lied abrupt, genau wie das der Nachtigall, und erklingt nie wieder.«

»Schreiben Sie das auf«, murmelte Irais leise, an Minora gewandt – ein unnötiger Rat, denn ihr Bleistift glitt schon so schnell über das Papier, wie er nur konnte.

»Die Eitelkeit einer Frau ist so unermesslich, dass sie neunundneunzig Mal Anschauungsunterricht zum Unterschied zwischen Versprechungen und Taten und zur Inhaltsleere schöner Reden bekommen kann und doch der hundertsten wortreichen Schmeichelei wieder gleichermaßen willig und bezaubert ihr Ohr leiht wie der ersten. Was helfen die Vorhaltungen einer willensstarken Schwester, die dergleichen nie erlebt hat, einer solchen Frau? Es ist nutzlos, ihr zu sagen, dass sie ein Opfer der Männer sei, ihr Spielzeug, dass sie betrogen, geknechtet, unterdrückt, verlacht und in jeder Hinsicht schäbig behandelt werde – das ist keine zutreffende Beschreibung der Tatsache. Sie ist schlicht das Opfer ihrer eigenen Eitelkeit, und wer könnte von einer Frau erwarten, dass sie gegen den Glauben an die eigene Faszination ankämpft, gegen jenen Teil ihres Ichs, der ihrem Leben all seinen Glanz gibt?«

»Bist du so eitel, Elizabeth«, fragte Irais mit schockierter Miene, »dass du den Schmeicheleien von neunundneunzig Männern willig dein Ohr geliehen hast, bevor dich am Ende dein Schicksal ereilt hat?«

»Ich nehme an, ich gehöre zu den Vernünftigen«, antwortete ich, »weil niemand je wollte, dass ich mir Schmeicheleien anhöre.«

Minora seufzte.

»Ich höre gerne zu, wenn Sie miteinander über die Lage der Frauen reden«, fuhr der Zornesmensch fort, »und frage mich, wann Sie erkennen werden, dass diese sich in genau der Lage befinden, für die sie befähigt sind. Sobald sie dazu geeignet sind, eine bessere Position einzunehmen, wird keine Macht der Welt sie davon abhalten können. Vorläufig möchte ich Sie aber warnen: So, wie die Dinge liegen, wünschen sich nur willensstarke Frauen eine Gleichstellung mit den Männern, und willensstarke Frauen sind ausnahmslos unattraktiv. Die Hübschen sehen Männer lieber als ihre Sklaven denn als Gleichgestellte.«

»Sie wissen«, fragte Irais und runzelte die Stirn, »dass ich mich als willensstark betrachte?«

»Und da stehen Sie nie früher auf als zum Mittagessen?«

Irais wurde rot. Obwohl ich ein derartiges Verhalten auch nicht billige, ist es in mehrfacher Hinsicht praktisch; ich kann ungestört meine Hausarbeit erledigen, und wann immer sie dazu ansetzt, mich zu belehren, komme ich auf diese Gewohnheit zu sprechen. Sie muss deswegen ein furchtbar schlechtes Gewissen haben, weil sie normalerweise gar nicht zu Demut neigt.

»Eine Frau ohne Eitelkeit wäre unangreifbar«, wiederholte der Zornesmensch. »Wenn ein Mädchen auf die schiefe Bahn gerät, die hinab ins Verderben führt, lässt sie sich nur von ihrer Eitelkeit leiten, denn in unserer Zeit der Polizeibeamten kann keine junge Frau gegen ihren Willen vom Pfad der Tugend abgebracht werden, und das Geschrei der Entehrten ertönt immer erst dann, wenn der Täter Reue über seine Untat bekundet. Solange das Feuer seiner Leidenschaft lodert und er ihr die Beteuerungen ins Ohr flüstert, die sie liebt, werden keine frommen oder tugendhaften Prinzipien das Glück seiner Gefährtin trüben, denn die traurige Erfahrung lehrt, dass die Frömmigkeit erst beginnt, wenn die Leidenschaft endet, und dass Prinzipien dort am stärksten sind, wo die Versuchung am seltensten lockt.«

»Und was hat das alles mit uns zu tun?«, fragte ich streng.

»Du hast dein Missfallen darüber geäußert, wie unser Gesetz dich einstuft, und ich möchte es einfach rechtfertigen«, antwortete er. »Kreaturen, die aus reiner Gewohnheit zu allem ›ja‹ sagen, was ein Mann vorschlägt, selbst wenn niemand sie dazu zwingt und es oft fatal für sie ist, sind schlicht keine mündigen Wesen.«

»Du wirst dieses Wort nie wieder von mir hören, mein lieber Mann«, versprach ich.

»Und es ist nicht nur *diese* fatale Schwäche«, fuhr er fort. »Offen gestanden, frage ich mich wirklich, was euch von Kindern unterscheidet. Ihr seid älter, aber nicht klüger – tatsächlich sogar weniger klug, weil ihr mit den Jahren den gesunden Menschenverstand verliert, den ihr als Kinder hattet. Habt ihr je eine Gruppe von Frauen vernünftig miteinander reden gehört?«

»Allerdings – uns!«, riefen Irais und ich wie aus einem Mund.

»In meinen müßigen Momenten«, sprach der Zornesmensch weiter, »fand ich es interessant, solchem Geplauder zu lauschen. Es amüsierte mich, welch boshafte Geschichten Frauen über ihre abwesenden besten Freundinnen erzählten und welch gemeine kleine Spitzen sie an die anwesenden austeilten, mit welchem Unglauben sie auf die Eroberungsgeschichten anderer Frauen reagierten und mit welch strahlendem Selbstvertrauen sie die eigenen präsentierten – und wie sie sofort in Langeweile versanken, wenn durch einen außerordentlichen Zufall ein Thema von sogenanntem allgemeinen Interesse angeschnitten wurde.«

»Sie müssen zu einem ganz besonders netten Bekanntenkreis gehören«, bemerkte Irais.

»Und was die Politik angeht«, sagte er, »habe ich noch nie erlebt, dass Frauen sie erwähnt hätten.«

»Kinder und Schwachsinnige sind an solchen Dingen nicht interessiert«, sagte ich.

»Und wir haben viel zu viel Angst, ins Gefängnis zu kommen«, ergänzte Irais.

»Ins Gefängnis?«, wiederholte Minora.

»Wissen Sie nicht«, fragte Irais und wandte sich ihr zu, »dass Sie hier in großer Gefahr schweben, verhaftet zu werden, wenn Sie von solchen Themen reden?«

»Aber warum?«

»Warum? Weil Ihre Worte, auch wenn Sie selbst vielleicht etwas ganz Unschuldiges meinen, für böswillig denkende Zuhörer vielleicht auf etwas weniger Unschuldiges hindeuten können, und dann schreitet das Gesetz ein und nennt es einen Eventualvorsatz, und alle sagen, ›Wie fürchterlich!‹, und Sie wandern ins Gefängnis und werden bestraft, wie Sie es verdient haben.«

Minora sah verwirrt aus.

»Aber das ist nicht der wahre Grund, warum ihr nicht darüber redet«, sagte der Zornesmensch. »Diese Dinge interessieren euch einfach nicht. Oder findet ihr vielleicht, die Ansichten eurer Freundinnen hätten es nicht verdient, gehört zu werden? Wenn männliche Politiker anwesend sind, legt ihr doch einen erstaunlichen Hunger nach Informationen an den Tag. Ich habe jedenfalls gesehen, wie eine hübsche junge Frau, höchstens Anfang zwanzig, einen ganzen Abend lang die zweifelhaften Weisheiten eines älteren Starpolitikers mit allen Anzeichen eifrigen Interesses in sich aufsaugte. Er war ein berühmter Anhänger der bimetallischen Doppelwährung und versorgte sie mit ganzen Broschürenladungen an Information.«

»Sie wollte sich aus irgendeinem Grund bei ihm beliebt machen«, sagte Irais, »brachte ihn dazu, ihr sein Steckenpferd zu erklären, und er war dumm genug, darauf hereinzufallen. Na, wer war in diesem Fall der Dumme?«

Sie warf sich in ihren Sessel zurück, hob herausfordernd den Kopf und klopfte ungeduldig mit einem Fuß auf den Boden.

»Sie wollte für klug gehalten werden«, sagte der Zornesmensch. »Verwirrend fand ich«, fuhr er nachdenklich fort, »dass sie beim Abschied ebenso gelassen und heiter wirkte wie bei ihrer Ankunft. Erklärungen zum Prinzip des Bimetallismus haben in der Regel einen gegenteiligen Effekt.«

»Nun, sie hat nicht zugehört«, rief Irais, »und Ihr einfältiger Politikstar machte sich den ganzen Abend über zum Narren.

Plapper, plapper, dummer Star,
Bimetallisch, wunderbar.
Wag' es ruhig und beschreib'
Frauen nur als ›dummes Weib‹.
Denn der weitaus Dümmste war
Bimetallisch Plapperstar!«

»Zweifellos hatte sie kaum etwas verstanden«, sagte der Zornesmensch, der diesen Ausbruch vollkommen ignorierte.

»Und zweifellos hatte der Herr seinerseits auch nicht viel verstanden.« Irais war sichtlich wütend.

»Ihre Meinung von den Frauen«, warf Minora mit sehr leiser Stimme ein, »scheint keine sehr hohe zu sein. Aber ich nehme an, Sie werden zustimmen, dass sie im Krankenzimmer unersetzlich sind?«

»Wo Sie von Krankenschwestern sprechen«, sagte ich, »muss ich Ihnen gestehen, dass ich glaube, er hat mich vor allem deshalb geheiratet, damit ihn eine Ehefrau und keine Fremde pflegt, wenn er krank ist.«

»Aber«, wandte Minora ein, verwirrt darüber, wie ihre Illusionen mit Füßen getreten wurden – »sicherlich ist das Krankenzimmer doch vor allen anderen der Ort, an dem Sanftheit und Taktgefühl einer Frau am wertvollsten sind?«

»Sanftheit und Taktgefühl?«, wiederholte der Zornesmensch. »Diese Eigenschaften habe ich bei einer professionellen Krankenschwester noch nie bemerkt. Meiner Erfahrung nach ist sie eine unangenehme Person, die bei der häuslichen Krankenbetreuung großartige Gelegenheiten findet, ihre Herrschaft über die normale, hilflos darniederliegende Menschheit auszuüben. Ich kenne keine demütigendere Lage für einen Mann, als im Bett zu liegen und sich die fiebrige Stirn von einer fremden Frau kühlen zu lassen, in adretter Kleidung, steif gestärkt und fleckenfrei funkelnd. Er würde die Hälfte seines Einkommens für seine Kleider geben, und wahrscheinlich die andere Hälfte dafür, dass sie ihn in Ruhe lassen und endgültig verschwinden würde. Er spürt ihre Überlegenheit durch jede Pore, er hat vorher noch nie verstanden, wie absolut minderwertig er ist, er benimmt sich unterwürfig höflich und verachtungswürdig konziliant; wenn ein Freund ihn besuchen kommt, preist er sie eifrig, falls sie hinter dem Wandschirm lauschen sollte, er kann seine Seele nicht mehr sein Eigen nennen und, was noch viel unerträglicher ist, sich nicht sicher sein, ob sein Körper wirklich noch ihm gehört, er hat über helfende Engel und die sanfte Berührung weiblicher Hände gelesen, aber der Gedanke an den Tag, an dem er nach seinem Diener läuten und seine Socken unbeobachtet anziehen wird, erfüllt ihn mit der gleichen wilden Vorfreude, wie er sie als heimwehkranker Internatsschüler beim Herannahen der ersten Ferien empfand.«

Minora schwieg. Irais' Fuß klopfte lebhafter denn je. Der Zornesmensch lächelte sanft zu uns herab. Man kann mit einem Menschen nicht streiten, der so absolut von der eigenen Unfehlbarkeit überzeugt ist, dass er nicht einmal wütend wird, also saßen wir herum und sagten nichts.

»Wenn Sie«, wandte er sich an Irais, die ihn aufsässig anschaute, »an der Wahrheit meiner Worte zweifeln und sich immer noch an die alte, poetische Vorstellung von edlen, aufopferungsvollen Frauen klammern, die ihren Patienten liebevoll über die schwierigen Etappen auf dem Weg zum Tod oder zur Genesung hinweghelfen, möchte ich Sie bitten, beim nächsten Krankheitsfall in Ihrem Hause selbst zu überprüfen, ob die Tatsachen Ihren idyllischen Vorstellungen entsprechen. Der Engel, der unser Leiden lindert, erscheint in so fragwürdiger Gestalt, dass er den Fantasielosen schlicht wie eine extrem selbstbewusste junge Frau vorkommen muss, die sich klugerweise zunächst um die Absicherung ihrer eigenen Bequemlichkeit kümmert, die zu Beschwerden über das Essen neigt, die sich hilflos zeigt, wenn eigentlich ihre Hilfe gebraucht wird, die eine außerordentliche Begabung dafür hat, sich ungerecht behandelt zu fühlen (oder zumindest nicht wie die überlegene Person, die sie ihrer eigenen Meinung nach ist), und die sich entsetzlich davor fürchtet, die Dienstboten könnten sie aufgrund irgendeines Irrtums mit beleidigender Herzlichkeit behandeln. Sie reagiert gereizt, wenn der Patient ihr mehr Mühe bereitet als erwartet, und extrem verletzt und übellaunig, wenn sein elender Zustand ihm den Mut verleiht, sie nachts zu wecken – ein Akt der Verzweiflung, dessen ich mich einmal schuldig gemacht habe, und nur dieses eine Mal. Oh, diese guten Frauen! Welcher klar denkende Mann möchte etwas mit Engeln zu tun haben? Und insbesondere verwahren wir uns dagegen, sie um uns zu haben, wenn wir krank und schwach sind, wenn wir mit jeder Faser spüren, wie arm wir dran sind, und wir all unsere Kraft brauchen, um unsere zeitweilige Unterlegenheit geduldig zu ertragen, ohne gleichzeitig eine eifrige und kriecherische Höflichkeit gegenüber dem helfenden Engel an den Tag legen zu müssen.«

Es entstand eine Pause.

»Ich wusste gar nicht, dass Sie so viel reden können, weiser Mann«, sagte Irais schließlich.

»Was sollen Frauen denn Ihrer Meinung nach tun?«, fragte Minora verzagt. Irais fing wieder an, mit dem Fuß zu klopfen – wen interessierte es schon, was wir nach Meinung des Zornesmenschen tun sollten? »Es gibt nicht«, fuhr Minora fort und wurde rot, »genügend Ehemänner für alle, und die übrigen müssen ja auch irgendetwas tun.«

»Selbstverständlich«, antwortete das Orakel. »Erlernen Sie die Kunst, durch Kleidung und Manieren zu gefallen, solange Sie im für uns interessanten Alter sind; vor allem aber sollten sich alle Frauen, Schöne wie Hässliche, Verheiratete wie Alleinstehende, mit der Kunst des Kochens befassen. Wenn Sie in der Küche Meisterleistungen vollbringen, werden Sie immer geachtet werden.«

Ich saß ganz still da. Jede deutsche Frau, selbst die eigensinnige Irais, hat Kochen gelernt; anscheinend war ich als einzige so dreist gewesen, das nicht zu tun.

»Beim Erlernen dieser beiden Künste dürfen Sie allerdings niemals die tiefe Wahrheit vergessen«, fuhr er fort, »dass das Essen den Liebkosungen vorausgeht, nicht die Liebkosungen dem Essen. Ein Mann muss sich behaglich fühlen, bevor er Ihnen seine Liebe schenkt; und er wird, wenn Sie ihm die Wahl zwischen Spickgans und Küssen anbieten, gerne beides nehmen, aber unweigerlich mit der Spickgans beginnen und die Küsse warten lassen.«

Bei diesen Worten stand ich auf, und Irais folgte meinem Beispiel. »Dein Zynismus ist widerlich«, sagte ich eisig.

»Ihr zwei seid immer die Ausnahme bei allem, was ich sage«, entgegnete er mit einem liebenswürdigen Lächeln.

Er verneigte sich und küsste Irais die Hand. Sie bildet sich außerordentlich viel auf ihre Hände ein und behauptet, ihr Ehemann habe sie nur um derentwillen geheiratet, was ich nicht ganz glauben kann. Ich bin froh, dass sie ihr gehören und nicht Minora; wenn Minora diese Hände hätte, würde ich mich ärgern. Ihre sind knochig, mit erfroren aussehenden Gelenken, vernachlässigten Nägeln und zu viel Handgelenk. Wann immer mein Blick auf diese Hände fällt, bin ich Minora sehr wohlgesonnen. Jetzt streckte sie eine von ihnen aus, offensichtlich in der Erwartung, ebenfalls einen Handkuss zu bekommen.

»Wussten Sie«, fragte Irais, als sie diese Bewegung wahrnahm, »dass es hier Brauch ist, Frauenhände zu küssen?«

»Aber nur die verheirateter Frauen«, fügte ich hinzu, weil sie sich nicht ausgeschlossen fühlen sollte, »niemals die junger Mädchen.«

Sie zog sie wieder zurück. »Das ist ein hübscher Brauch«, sagte sie mit einem Seufzer und notierte ihn nachdenklich in ihrem Buch.

15. Januar

Die Rechnungen für meine Rosen und Blumenzwiebeln und andere gärtnerische Luxusgüter lagen allesamt auf dem Tisch, als ich heute Morgen zum Frühstück herunterkam. Sie jagten mir einen ziemlichen Schrecken ein. Gärtnern ist teuer, finde ich, wenn man es vom eigenen Taschengeld bezahlen muss. Der Zornesmensch hegt nicht den geringsten Wunsch nach Rosen oder blühenden Büschen, nach Pflanzungen oder neuen Wegen und fragt sich daher, warum er sie bezahlen sollte? Also tut er es nicht, sondern ich tue es und muss das ausgleichen, indem ich nicht allzu zügellos in neuen Kleidern schwelge, was zweifellos erzieherisch wertvoll ist. Auf jeden Fall kaufe ich lieber neue Rosenbäumchen als neue Kleider, wenn ich nicht beides haben kann, und ich sehe eine Zeit herannahen, in der mich meine Gartenleidenschaft so gepackt haben wird, dass ich überhaupt keine neuen Kleider mehr anschaffen und sogar anfangen werde, die vorhandenen zu verkaufen. Der Garten ist so groß, dass ich alles beim Großhandel bestellen muss, und ich fürchte, ich werde nicht mehr lange mit nur einem Mann und einem Storch auskommen, denn je mehr ich pflanze, desto mehr muss während der unvermeidlichen Trockenzeit gegossen werden, und das Wässern ist eine ernsthafte Erwägung, wenn es bedeutet, den ganzen Tag lang mit einem kleinen Wasserwagen zwischen dem Garten und der Pumpe am Haus hin- und herzulaufen. Menschen, die in England mit seinem fast immer milden, feuchten Klima leben, haben keine echte Vorstellung davon, was eine Dürre ist. Vor und nach ein paar wolkenlosen Wochen fällt dort meist ordentlicher Regen; wir aber haben vielleicht einmal pro Woche einen Schauer von einer Stunde und danach einen Monat oder sechs Wochen Dürre. Die Erde ist sehr sandig und trocknet so schnell, dass ich selbst nach dem heftigsten Gewitterregen in dünnen Schuhen über meine Wege gehen kann; damit der Garten auch nur einigermaßen feucht bleibt, müsste es regelmäßig jeden Tag drei Stunden schütten. Wasser gibt es nur aus der Pumpe am Haus oder dem kleinen Bach, der unsere Ostgrenze bildet; auch dieser Bach trocknet aus, wenn es nicht geregnet hat, und ist selbst in den besten Zeiten schwierig zu erreichen, weil seine mit Vergissmeinnicht bewachsenen Ufer so steil sind. Ich besitze ein einziges feuchtes, torfiges Stück Land, das als Nachahmung des Hirschwalds mit Sandbirken und einem Teppich aus flammend roten Azaleen bepflanzt werden soll. Überall sonst ist meine Erde sandig – Erde für Kiefern und Robinien, nur nicht für Rosen –, aber man sieht, was Liebe bewirken kann: In meinem Garten kommt die Rose öfter vor als jede andere Blume! Im nächsten Frühling werden die kahlen Stellen mit Bäumen gefüllt, die ich bestellt habe: Kiefern hinter die zarten Azaleen, außerdem knallrote Vogelbeeren, Eichen, Blutbuchen, Ahornbäume, Lärchen, Wacholder – war es nicht der Prophet Elia, der sich zum Ausruhen unter einen Wacholderbaum setzte? Ich habe mich oft gefragt, wie er es geschafft hat, darunterzukommen. Hier werden Wacholderbüsche nicht höher als zwei oder drei Meter, und sie sind ganz straff und dicht. Vielleicht wuchsen sie dort, wo er lebte, kräftiger? Wenn die Kinderlein einst alt und übellaunig sind, wird es hier sehr hübsch sein, aber möglicherweise gefällt es ihnen gar nicht; wenn sie die Gleichgültigkeit des Zornesmenschen gegenüber Gärten geerbt haben, werden sie ihn verwildern lassen, sodass er in den Zustand zurückfällt, in dem ich ihn vorgefunden habe. Oder vielleicht werden sich ihre drei Ehemänner weigern, hier zu leben oder auch nur an einen so einsamen Ort zu reisen, und dann wäre sein Schicksal natürlich besiegelt. Mein einziger Trost ist, dass in der Einöde keine Ehemänner gedeihen und sie lange warten werden, bis alle drei versorgt sind. Andere Mütter haben mir berichtet, es sei eine grässliche Arbeit, auch nur einen einzigen Ehemann aufzutreiben – wie viel mühsamer muss es sein, drei auf einmal zu finden! Die Kinderlein sind im Alter so dicht beieinander, dass sie um ein Haar Drillinge geworden wären. Aber ich werde mich nicht auf die Suche machen. Ich kann mir nichts Unbehaglicheres vorstellen als einen Schwiegersohn, und außerdem bin ich mir gar nicht sicher, ob es für ein Mädchen überhaupt gut ist, einen Ehemann zu haben. Ich werde in den Jahren, die mir bleiben, mein Bestes tun, um ihnen beizubringen, wie man den Garten liebt und das Leben im Freien und sogar die Landwirtschaft, sodass sie, wenn auch nur ein Funke ihrer Mutter in ihnen steckt, nichts anderes wollen oder erbitten werden. Allerdings hege ich nur eine verschwindend geringe Hoffnung auf Erfolg, und wahrscheinlich wartet eine grässliche Zeit auf mich, in der ich an jedem Wintertag zu irgendwelchen Bällen in weit entfernte Kleinstädte kutschiert werde – eine arme alte Mutter, die am helllichten Tag in ihrer Festrobe schlottert, schon nach einem zeitigen Mittagessen zum Aufbruch gedrängt wird und erst am nächsten Morgen zur Frühstückszeit heimkehrt. Tatsächlich entwickeln sie schon jetzt ein beunruhigendes Verlangen, auf »Partings« zu gehen, wie sie es nennen; das Aprilkind hat die Absicht verkündet, mit zwölf damit anzufangen. »Bist *du* schon zwölf, Mummy?«, hat sie mich gefragt.

Der Gärtner verlässt uns zum ersten April, und ich versuche, einen neuen zu finden. Es ist schwer, so oft zu wechseln – ich habe in zwei Jahren drei verschiedene Gärtner gehabt –, weil bei jedem Neuanfang unweigerlich ein Großteil meiner Pflanzen und Pläne leidet. Samen gehen verloren, Sämlinge werden nicht rechtzeitig pikiert und bereits eingesäte Flächen mit etwas anderem bepflanzt; im Freien herrscht Verwirrung und in meinem Herzen Verzweiflung. Aber er wollte die Köchin heiraten, und die Köchin hat ein Gespenst gesehen, woraufhin sie sofort kündigte, und er will ihr so bald wie möglich folgen und siecht in der Zwischenzeit sichtlich dahin. Was sie gesehen hatte, war Folgendes: verschlossene Türen, die sich mit lautem Geratter ganz von alleine *an der Türangelseite* öffneten, woraufhin jemand Unsichtbares ihr Flüche zurief. Diese Phänomene werden inzwischen als »das Gespenst« bezeichnet. Sie bat darum, sofort abreisen zu dürfen, weil sie noch nie zuvor an einem Ort gewesen sei, an dem es Gespenster gab. Ich schlug vor, sie solle versuchen, sich daran zu gewöhnen, aber sie hielt das für Zeitverschwendung und sah so krank aus, dass ich sie gehen ließ und der Garten leiden muss. Ich weiß nicht, warum Köchinnen derart interessante Dinge sehen dürfen und ich nicht – seit sie weg ist, habe ich zwei andere Köchinnen gehabt, und beide haben das Gespenst gesehen. Minora wird immer sehr still, wenn die Schlafenszeit herannaht, und kommt Irais und mir freundlicher entgegen; nachdem sie uns den ganzen Tag lang demonstriert hat, wie wenig sie uns schätzt, klammert sie sich geradezu an uns, sobald die Schlafzimmerkerzen gebracht werden. Sie hat schon ein oder zwei Mal besorgt nachgefragt, ob es Irais wirklich nichts ausmache, allein zu schlafen.

»Wenn Sie ein wenig nervös sind, leiste ich Ihnen gerne Gesellschaft«, beteuerte sie, »das macht mir gar nichts aus, ganz bestimmt nicht.«

Aber mit derart simplen Tricks lässt sich Irais nicht hereinlegen; sie hat mir gesagt, sie schlafe lieber in der Gesellschaft von fünfzig Gespenstern als der einer Minora.

Seit Miss Jones so unerwartet ans Krankenbett ihrer Mutter gerufen wurde, habe ich die Kinderlein viel um mich gehabt, und es ist so nett ohne Gouvernante, dass ich es noch ein oder zwei Jahre aufschieben würde, eine neue zu engagieren, wenn ich damit nicht in Reichweite des Arms des Gesetzes geriete, was alle Deutschen ihr Leben lang zu vermeiden suchen. Das Aprilkind wird nächsten Monat sechs, und nach ihrem sechsten Geburtstag laufen wir jederzeit Gefahr, von einem Schulinspektor besucht zu werden, der sich neugierig nach dem Stand ihrer Bildung erkundigen wird; wenn diese nicht den nötigen Stand erreicht, können den verbrecherischen Eltern alle möglichen fürchterlichen Dinge zustoßen, die wohl mit Geldstrafen anfangen und sich im Crescendo steigern bis zur Kerkerhaft, falls wir aufgrund der Lücken zwischen Gouvernanten und der Schwierigkeiten beim Finden der richtigen auf unserem Irrweg beharren. Die Schatten der Kerkermauern schließen sich hier allmählich um jeden Heranwachsenden, und der Teutone ist sein ganzes Leben lang so dicht von Gefängnissen umgeben, dass er überaus vorsichtig voranschreiten muss, um auf freiem Fuß zu bleiben und ihren Unterhalt zu finanzieren. In der Regel versäumen kultivierte Menschen es nicht, ihrem Nachwuchs Lesen und Schreiben beizubringen oder das Sprechen von Gebeten, und sie neigen dazu, auf das Eindringen eines Inspektors in ihr Heim mit Widerwillen zu reagieren, aber das spielt letztlich keine große Rolle, und ich wage zu behaupten, wir haben guten Grund zur Sorge. Tatsächlich ist ein Philosoph aus meinem Bekanntenkreis der Auffassung, dass Menschen, die sich nicht regelmäßig und ordentlich sorgen, zu gar nichts taugen. Im Auge des Gesetzes sind wir alle Sünder, und jeder Mensch gilt als schuldig, bis er seine Unschuld bewiesen hat.

Minora hat die Kinderlein so oft gesehen, dass sie, nachdem sie mehrere Tage vergeblich versucht hatte, ihnen aus dem Weg zu gehen, resigniert aufgab und das Beste aus der Situation zu machen versuchte, indem sie die drei als Stoff betrachtete und dazu verwendete, ein Kapitel ihres Buches zu füllen. Also blieb sie ihnen auf den Fersen, wo sie auch hingingen, nahm am Aufstehen und Zubettgehen teil, verwickelte sie, soweit sie das konnte, in intelligente Gespräche, ging mit ihnen in den Garten, um ihr Verhalten zu studieren, wenn sie mit dem Schlitten fuhren, gezogen von einem großen Hund, und machte ihnen ganz generell das Leben schwer. Das ging drei Tage lang so, dann brachte sie ihre Ergebnisse an der Schreibmaschine des Zornesmenschen zu Papier, die sie sich immer dann auszuleihen pflegt, wenn ihre Notizen für ein Kapitel jenen Reifegrad erreicht haben, den sie für das »In-Form-Gießen«, wie sie es nennt, braucht. Sie schreibt alles mit der Schreibmaschine, sogar ihre privaten Briefe.

»Vergessen Sie nicht, etwas über die Knie einer Mutter einzubauen«, sagte Irais. »Sie können nicht wirklich über Kinder schreiben, wenn die Knie nicht vorkommen.«

»Oh ja, natürlich werde ich sie erwähnen«, antwortete Minora.

»Und rosige Zehen«, fügte ich hinzu. »Es kommen immer Zehen vor, und sie sind immer rosig.«

»Das habe ich schon irgendwo«, sagte Minora und blätterte in ihren Notizen.

»Aber letztendlich sind Kinder keine deutsche Spezialität«, wandte Irais ein, »und ich verstehe nicht ganz, warum sie in einem Buch über Reisen in Deutschland vorkommen sollten. Elizabeths Kinderlein haben exakt die aktuell modische Anzahl an Armen und Beinen und sehen genau gleich aus wie englische Kinder.«

»Oh, aber sie können nicht *genau* gleich sein«, sagte Minora und blickte besorgt drein. »Es muss einen Unterschied machen, hier an diesem Ort zu leben und so seltsame Sachen zu essen und niemals zum Arzt zu gehen und niemals krank zu werden. Kinder, die nie die Masern und so etwas gehabt haben, können nicht genau gleich sein wie andere Kinder; das muss alles in ihrem System sein und aus irgendeinem Grund nicht herauskommen. Und ein Kind, das mit Hühnchen und Milchreis aufgezogen wird, muss anders sein als ein Kind, das Spickgans und Leberwurst isst. Und sie *sind* anders; ich kann nicht sagen, auf welche Weise, aber sie sind es ganz bestimmt, und ich glaube, wenn ich sie konsequent beschreibe, anhand des Stoffs, den ich in den letzten drei Tagen gesammelt habe, könnte ich vielleicht die Unterschiede festmachen.«

»Warum wollen Sie sich mit Unterschieden aufhalten?«, fragte Irais. »Ich würde etwas Kleines schreiben, die üblichen Bilder darin unterbringen, also die Knie und die Zehen, und das Ganze ein wenig ergreifend anlegen.«

»Aber das ist ganz und gar nicht einfach für mich«, klagte Minora. »Ich habe so wenig Erfahrung mit Kindern.«

»Warum schreiben Sie dann überhaupt darüber?«, fragte Elizabeth die Vernünftige.

»Ich habe ebenso wenig Erfahrung wie Sie«, sagte Irais,

»weil ich keine Kinder habe; aber wenn Sie nicht auf verblüffende Originalität aus sind, gibt es nichts Einfacheres, als kleine Anmerkungen über Kinder zu schreiben. Ich glaube, ich könnte in einer Stunde ein Dutzend davon produzieren.«

Sie setzte sich an den Schreibtisch und kritzelte etwa fünf Minuten lang auf einem alten Brief. »Da«, sagte sie und warf ihn Minora zu, »das können Sie haben – mit rosigen Zehen und allem Drum und Dran.«

Minora setzte ihre Brille auf und las laut vor: »Wenn meine Kleine beim Schlafengehen die Augen schließt und ihr Abendgebet singt, ist meine erschöpfte, geprügelte Seele von Ehrfurcht erfüllt. Vage Erinnerungen aller Art drängen sich in meinen Geist, Erinnerungen an meine Mutter und mich selbst – wie viele Jahre ist das her! – und an die süße Hilflosigkeit, wenn ich halb schlafend in ihren Armen hing und entkleidet und ins Bettchen gelegt wurde, ohne dass man mich weckte; an die Engel, an die ich fest glaubte, an kleine Kinder, die direkt vom Himmel kamen und die, wenn sie brav waren, von weißen Flügeln beschützt werden – all der liebe, poetische Unsinn, den ich gelernt habe, genau wie meine Kleine ihn auf den Knien ihrer Mutter lernt. Sie hat kein Verständnis für die Schönheit der charmanten Dinge, die man ihr erzählt, schaut mit großen Augen, himmlischen Augen, während ihre Mutter ihr von dem Himmel erzählt, aus dem sie gerade erst gekommen ist, und lässt sich zwischendurch erleichtert mit in Milch eingeweichten Brotbröckchen trösten. Mit zwei

Jahren hat sie noch keine Vorstellung von Engeln, von Brot und Milch aber sehr wohl, mit fünf hat sie eine ungefähre Vorstellung, bevorzugt aber Brot und Milch, mit zehn hat sie sowohl Brot und Milch als auch die Engel in der Kinderstube zurückgelassen, weil sie schon herausgefunden hat, dass solche Luxusgüter für ihr Alltagsleben nicht notwendig sind. In späteren Jahren wird sie vielleicht dazu neigen, Wahrheiten aus zweiter Hand infrage zu stellen, und darauf bestehen, selbstständig zu denken, sie wird den aufrichtigen Wunsch haben, Traditionen zu sprengen und abzuschütteln, und unermüdlich danach streben, nach hohen moralischen Standards zu leben, stark und rein und gut zu sein –«

»Wie Tee«, erläuterte Irais.

»– und dennoch wird sie mit allen ihren Tugenden nie auch nur ein Tausendstel jenes Zaubers besitzen, der sie umgab, als sie, mit schweren Lidern auf den Knien ihrer Mutter sitzend, ihre ersten, zögernden Kirchenlieder sang. Ich liebe es, zur Schlafenszeit hereinzukommen, im Licht der untergehenden Sonne am Fenster zu sitzen und die Mysterien ihres Bettrituals zu beobachten. Ihre Mutter badet sie, weil sie viel zu kostbar ist, um von einem Kindermädchen berührt zu werden, und dann wird sie in ein großes Badetuch gewickelt, aus dem nur ihre rosigen kleinen Zehen herausschauen, und nachdem sie gepudert und gekämmt und in ihr Nachthemd gesteckt wurde, sodass ihre Locken zu Berge stehen und ihre Ohren glühen, kniet sie auf dem Schoß ihrer Mutter, ein kleines, duftendes Bündel, und ihr Gesicht spiegelt die Ruhe im Antlitz ihrer Mutter, während sie ihr Abendgebet spricht und um Gnade und Frieden bittet.«

»Wie eigenartig!«, rief Minora, als sie fertig war. »Das ist genau das, was ich schreiben wollte.«

»Oh, dann habe ich Ihnen die Mühe erspart, es zusammenzustellen; Sie können das abschreiben, wenn Sie wollen.«

»Aber haben Sie wirklich eine erschöpfte Seele, Miss Minora?«, fragte ich.

»Nun ja, ich finde das einen guten Einfall«, antwortete sie, »dann denken die Leute wirklich, ein Mann hätte das Buch geschrieben. Ich werde einen Männernamen verwenden, wissen Sie?«

»Genau so habe ich es mir vorgestellt«, sagte Irais. »Sie werden sich John Jones oder George Potts nennen, irgendso ein strenger, gewöhnlicher Name, um Ihre unnachgiebige Haltung gegenüber sämtlichen weiblichen Schwächen zu betonen, und niemand wird darauf hereinfallen.«

»Ich glaube wirklich, Elizabeth«, sagte Irais später zu mir, als das zögernde Klicken von Minoras Schreibmaschine aus dem Nachbarzimmer zu hören war, »dass du und ich ihr Buch für sie schreiben. Sie notiert sich alles, was wir sagen. Warum schreibt sie das alles über das Kind ab? Ich frage mich, was an den Knien einer Mutter ergreifend sein soll? Ich habe dort nie etwas gelernt, und du? Aber in meinem Fall waren es auch nur die einer Stiefmutter, und niemand singt Loblieder auf Stiefmütter.«

»Meine Mutter war immer auf Partys«, sagte ich, »und das Kindermädchen ließ mich meine Gebete auf Französisch aufsagen.«

»Und was Badewannen und Puder angeht«, fuhr Irais fort, »in meiner Kleinkindzeit waren solche Sachen noch nicht in Mode. Es gab nirgends Badezimmer, und Wannen schon gar nicht; unsere Gesichter und Hände wurden gewaschen, und es gab ein Fußwaschbecken im Kinderzimmer, und im Sommer wurden wir gebadet und danach sofort ins Bett gesteckt, damit wir uns nicht erkälten. Meine Stiefmutter machte sich nicht viel Sorgen; sie trug rosa Kleider, ganz aus Spitze, und je älter sie wurde, desto hübscher waren die Kleider. Wann reist sie ab?«

»Wer? Minora? Ich habe sie nicht gefragt.«

»Dann frage ich. Es tut ihrer Kunst wirklich nicht gut, so vernachlässigt zu werden. Sie ist schon unverschämt lange hier – es müssen fast drei Wochen sein.«

»Ja, sie ist am gleichen Tag gekommen wie du«, sagte ich liebenswürdig.

Irais schwieg. Ich hoffe, sie dachte darüber nach, dass es nicht schlimmer ist, die Kunst zu vernachlässigen als den eigenen Ehemann, und dass ihr Ehemann die ganze Zeit auf dem Krankenbett darniederlag, während sie ihre Tage so angenehm mit mir verbrachte. Sie vergisst irgendwie, dass sie ein Zuhause hat oder irgendeine andere Aufgabe auf dieser Welt, als hierzubleiben, um mit mir zu plaudern und zu lesen und zu singen und über alle zu lachen, über die es etwas zu lachen gibt, und die Kinderlein zu küssen und mit dem Zornesmenschen zu fechten. Natürlich habe ich sie lieb – sie ist so hübsch, dass jeder, der Augen im Kopf hat, sie lieben muss –, aber zu viel des Guten ist unerfreulich, und nächsten Monat sollen die Flure und Büros gestrichen werden, und wer je seine Innenräume hat streichen lassen, weiß, wie herrlich es sich währenddessen darin wohnt; und es wird kein Abendessen für Irais geben, und keinen jener saftigen Salate mit viel Kümmel, die sie so innig liebt.

Ich werde ihre Gedanken sanft in Richtung ihrer Pflichten zurücklenken, indem ich mich jeden Tag besorgt nach der Gesundheit ihres Mannes erkundige. Sie mag ihn nicht sonderlich, weil er nicht jedes Mal losrennt und ihr die Tür aufhält, wenn sie aufsteht und den Raum verlässt, und obwohl sie ihn darum gebeten und ihm gesagt hat, wie sehr sie sich das wünsche, tut er es trotzdem nicht. Sie war einmal in einem Haus zu Gast, in dem ein Engländer wohnte, und dessen Gewandtheit in Bezug auf Stühle und Türen hat sie so beeindruckt, dass sie ihrem Ehemann seitdem keine Ruhe mehr gönnt, und jedes Mal, wenn sie einen Raum verlässt, fällt ihr diese Missachtung ihrer Wünsche ein, sodass jede geschlossene Tür für sie zum Symbol ihrer gescheiterten Ehe wird und sie sich bei ihrem Anblick fragt, wozu sie überhaupt auf der Welt ist; zumindest hat sie mir das einmal in einem vertrauensseligen Ausbruch erzählt. Er ist ein ziemlich netter, harmloser kleiner Mann, mit dem sich gut plaudern lässt, immer gut gelaunt und witzig, aber er findet sich zu alt, um neue, unbequeme Sitten zu erlernen, und hat wie so viele selbstgerechte Männer eine fürchterliche Angst davor, seine Frau könne ihn zu einem besseren Menschen machen. Der Zornesmensch teilt diese Angst: Er hält sein Glas bei den Mahlzeiten hartnäckig mit der linken Hand (was er, glaube ich, nicht sonderlich gerne tut), weil andernfalls seine Verwandten sagen könnten, er habe sich durch die Ehe gebessert, und ihn damit mitten ins Herz treffen würden. Diese Gewohnheit führt fast täglich zu Debatten zwischen einem der Kinderlein und mir.

»April, nimm das Glas in die rechte Hand.«

»Aber Papa macht das auch nicht.«

»Wenn du so alt bist wie dein Papa, darfst du machen, was du willst.«

Und erst gestern verschönerte Minora diesen Dialog mit einer einleuchtenden Ergänzung: »Und stell dir nur vor, wie seltsam es aussehen würde, wenn *alle* ihre Gläser so hielten.«

Die Kraft dieses Arguments beeindruckte April tief.

28. Januar

Es ist sehr kalt – minus neunzehn Grad, aber absolut herrliches, windstilles, klares Wetter, bei dem man fröhlich und energiegeladen und freundlich gegenüber jedermann gestimmt ist. Die zwei jungen Damen sind immer noch hier, aber die Luft fühlt sich so beschwingt an, dass sie mich nicht mehr bedrücken, und außerdem haben beide ihre bevorstehende Abreise angekündigt, sodass ich die Malerarbeiten doch in Frieden hinter mich bringen kann und das Haus rechtzeitig zur Begrüßung des Frühlings sein weißes Kleid tragen wird.

Minora hat ein Porträt von mir gemalt und will es dem Zornesmenschen als Abschiedsgeschenk überreichen; allein die Tatsache, dass ich ihr das erlaubt habe und ihr widerstandslos unzählige Male Modell saß, beweist hoffentlich endgültig, dass ich nicht eitel bin. Als Irais das Bild zum ersten Mal sah, lachte sie, bis ihr die Tränen kamen, und gab sofort ein eigenes Porträt in Auftrag, das sie mitnehmen und ihrem Ehemann schenken möchte, der zufällig Anfang Februar Geburtstag hat. Tatsächlich hätte sie wahrscheinlich, wenn dieser Geburtstag nicht wäre, ganz vergessen abzureisen, aber Geburtstage sind bei uns große und ehrwürdige Festivitäten, die niemals unbemerkt vorübergehen dürfen und immer in Gegenwart einer freundlichen Horde von Verwandten gefeiert werden (die von nah und fern anreisen, um einem zu sagen, wie gut man sich gehalten habe, und dass sie das nie gedacht hätten und dass es wunderbar sei); diese stehen um eine Art Opferaltar herum, auf dem die eigenen Jahre den Göttern als Feueropfer dargebracht werden, und zwar in Form brennender weißer und rosa Kerzen, die in einer sehr großen, flachen, marmeladigen Torte stecken. Der Kuchen mit den Kerzen ist die Hauptsache, und ringsherum auf dem Tisch liegen die Geschenke, die alle Anwesenden praktisch verpflichtend mitbringen müssen. Weil mein Geburtstag in den Winter fällt, bekomme ich außer Fotorahmen und Löschpapierblöcken auch Fäustlinge – wenn er im Sommer läge, wären es Fotorahmen und Löschpapierblöcke und keine Fäustlinge –, aber was das Geschenk auch sein und von wem es auch stammen mag, es muss mit geräuschvoller Dankbarkeit begrüßt werden, mit lautstarken Freudenrufen und Wörtern wie entzückend, reizend, herrlich, wundervoll und süß, die so lange zu wiederholen sind, bis das unglückselige Geburtstagskind das Gefühl hat, ein weiteres Jahr sei vergangen und sie sei dementsprechend älter und klüger und solcher Albernheiten und unnützer Wiederholungen überdrüssig. Eine Flagge wird gehisst, und den ganzen Vormittag über werden Rituale zelebriert, Kuchenstücke gegessen, Trinksprüche auf die Gesundheit ausgebracht, Reden gehalten und Hände beinahe abgeschüttelt. Die Pfarrer aus den Nachbargemeinden fahren vor, und wenn niemand hinschaut, zählen ihre Frauen die Kerzen auf dem Kuchen; die fleißige Schlossherrin von nebenan nimmt sich die Zeit, einen Blumentopf zu schicken und mein Alter im Gotha-Almanach nachzuschlagen; eine Abordnung der Bauernhöfe trifft ein, angeführt vom Oberaufseher, der in weißen Glacéhandschuhen den Segen des Himmels auf die gnädige Frau herabbeschwört; und die Kinderlein probieren begeistert in einer Ecke die ganzen Fäustlinge an. Abends gibt es ein Diner für die Verwandten und die wichtigsten lokalen Amtsträger, mit noch mehr Trinksprüche-Ausbringen und Redenhalten, und wenn ich am nächsten Morgen herunterkomme, dankbar, das Ganze hinter mir zu haben, sehe ich mich mit dem Altar konfrontiert, der immer noch dasteht, mit Kuchenkrümeln und Kerzenwachs und allem, weil es von beklagenswerter Herzlosigkeit zeugen würde, ihn allzu hastig wieder wegzuräumen – bei jedem Menschen eine bedauerliche Eigenschaft, bei einem zarten weiblichen Wesen aber skandalös und abstoßend. Alle Geburtstage werden auf diese Weise gefeiert, und es gibt nicht wenige kluge Leute, die sich auf eine kurze Reise begeben, wenn ihr eigener herannaht; ich glaube, nächstes Jahr werde ich es ihnen gleichtun, allerdings sind Ausflüge aufs Land oder ans Meer im Dezember meist nicht sehr angenehm, und wenn ich in eine Stadt reise, gibt es dort mit Sicherheit Verwandte, und aus der fruchtbaren Erde ihrer Zuneigung wird eine Torte schießen wie die Pilze aus dem Boden.

Ich hoffe, aus diesen Seiten ist deutlich geworden, wie weit Irais und ich über die normalen Schwächen der Menschheit erhaben sind; falls noch ein weiterer Beweis nötig sein sollte, besteht er aus der Tatsache, dass wir beide der Tradition trotzen und diese Geburtstagsrituale verachten. Vor vielen Jahren, als wir uns gerade kennengelernt hatten und beide noch nicht verheiratet waren, schickte ich ihr zum Geburtstag einen kleinen Kerzenständer aus Messing; und als meiner ein paar Monate später kam, sandte sie mir ein Notizbuch. Es war leer, und zu ihrem nächsten Geburtstag schenkte ich es ihr; sie dankte mir überschwänglich, wie es der Brauch verlangt, und als ich an der Reihe war, bekam ich den Messingkerzenleuchter. Seitdem genießen wir abwechselnd den Besitz dieser Objekte, und die Frage der Geschenke ist ein für alle Mal komfortabel geregelt, mit einem Minimum an Aufwand und Kosten. Wir erwähnen dieses kleine Arrangement nie, außer im passenden Moment, wenn wir feurige Dankesbriefe schreiben.

Schon seit über einer Woche herrscht dieses strahlende Wetter, bei dem das schiere Leben eine Freude ist und es nicht infrage kommt, still vor dem Kaminfeuer zu sitzen. Schlittenfahren und Schlittschuhlaufen waren unsere Hauptbeschäftigungen, vor allem Letzteres, das hier außergewöhnlich faszinierend ist, weil kleine Kanäle das Land durchziehen, die mit einem See und dem zugehörigen Fluss verbunden sind; und weil alles schwarz und hart gefroren ist, können wir meilenweit geradeaus fahren, ohne umdrehen und zurückfahren zu müssen – was immer ein ärgerlicher, ja demütigender Vorgang ist. Irais kann wunderschön Schlittschuh fahren: Bescheidenheit ist das Einzige, was mich daran hindert, das Gleiche von mir selbst zu behaupten; aber ich darf anmerken, dass alle Deutschen gut eislaufen können, aus dem simplen Grund, dass sie es in jedem Jahr ihres Lebens drei oder vier Monate lang so oft tun können, wie sie wollen. Minora war erstaunt und verwirrt, als sie merkte, dass wir sie hinter uns ließen, und kam erst eine halbe Stunde nach uns an der Stelle an, wo der Tee vorbereitet war. Manchmal sind die Ufer der Kanäle so hoch, dass unsere Köpfe auf gleicher Höhe mit den Feldern erscheinen, und es ist, wie Minora in ihrem Büchlein notierte, ein seltsamer Anblick, drei Frauenköpfe scheinbar ganz allein und unerhört begeistert dahingleiten zu sehen. Wo die Ufer niedriger sind, scheinen wir anmutig über die grob zerpflügten Felder zu gleiten, je nach Umfeld mit oder ohne Beine. Bevor wir losfahren, lege ich eine Stelle fest, an der uns Tee und ein Schlitten erwarten, mit dem wir wieder nach Hause fahren, weil das Schlittschuhlaufen gegen den Wind ebenso viel Verdruss bereitet wie das Schlittschuhlaufen mit dem Wind Vergnügen und eine unfreundliche Natur ihn ohne die geringste Rücksicht auf unser Behagen wehen lässt.

Gestern fuhren wir zur Abwechslung für ein Picknick an die Ostseeküste, die um diese Jahreszeit vereist und an der uns am nächsten gelegenen Stelle vollkommen menschenleer ist. Ich habe eine Schwäche fürs Picknicken, vor allem im Winter, wenn einen keine Stechmücken mehr plagen und die Ameisenhügel schlafen; von meinen vielen Lieblingspicknickplätzen ist der an der Ostsee der schönste und beste. Die Fahrt dorthin dauert drei Stunden, weshalb der Zornesmensch in lautes Klagen ausbricht, wenn jenes spezielle Wetter einsetzt, das, wie er aus Erfahrung weiß, diesen besonderen Ausflug mit sich bringt. Es muss tiefen Schnee, strengen Frost, Windstille und einen wolkenlosen Himmel geben; und wenn ich beim Aufwachen diese Bedingungen erfüllt sehe, kann mich nur ein sehr gewichtiger Grund davon abhalten, den Schlitten holen zu lassen und loszufahren. Für die Pferde, das gebe ich zu, ist es ein harter Tag; aber wozu hat man Pferde, wenn sie einen nicht an den gewünschten Ort bringen, und das zur gewünschten Zeit? Und warum sollten Pferde keine harten Tage durchstehen müssen wie alle anderen? Der Zornesmensch hasst Picknicken und hat keinen Blick für die Natur oder das eisige Meer; er langweilt sich schlicht auf einer langen Fahrt durch einen Wald, der nicht ihm gehört; eine einzige Kohlrübe auf seinem eigenen Land ist in seinen Augen bewunderungswürdiger als die höchste, rosigste, aufrechteste Kiefer, die je ihre schneebedeckte Krone ins Licht der untergehenden Sonne gereckt hat. Nun beachte man die Überlegenheit der Frau, die beide als gut wahrnimmt und, nachdem sie die Kiefer betrachtet hat, beglückt von deren Schönheit nach Hause fährt und friedlich ihre Rübe verzehrt. Er ist ein Mal, und nur ein einziges Mal, mitgefahren an diesen Ort und hat sich so blasiert benommen, dass wir uns ganz klein fühlten; seitdem lade ich ihn nicht mehr ein. An dieser wunderschönen Stelle erstrecken sich endlose Wälder die Küste entlang, so weit das Auge reicht;

nachdem man sie stundenlang durchquert hat, gelangt man plötzlich, am Ende eines von Bäumen überwölbten Waldwegs, an das ölig glitzernde Meer, auf dem die orangefarbenen Segel ferner Fischkutter verlockend im Sonnenlicht strahlen. Immer, wenn ich hier war, herrschte Windstille, und die Stille war so tief, dass ich meinen eigenen Herzschlag hören konnte. Im Sommer sind die einzigen Klänge das Summen der Insekten und das plötzliche Kreischen eines Eichelhähers, und im Winter herrscht Totenstille.

Aber jedes Paradies hat seine Schlange, und dieses hier ist während der üblichen Picknicksaison so von Stechmücken verseucht, dass ausnahmslos alle, die ich mit einem Ausflug hierher erfreuen wollte, die Beherrschung verloren, sodass die stille Küste von ihrem Geschrei und Wehklagen widerhallte. Diese nichtswürdigen, aber lästigen Insekten scheinen nichts anderes zu tun zu haben, als in Massen auf dem Sand zu sitzen und auf jedes Opfer zu warten, das ihnen die Vorsehung schickt; sobald die Kutsche ankommt, steigen sie in einer Wolke empor, eilen zu unserer Begrüßung herbei, zerren uns beinahe körperlich heraus und verlassen uns nicht mehr, bis wir wieder wegfahren.

Die plötzliche Aussicht aufs Meer von der wilden, kiefernbestandenen Höhe über dem Strand, auf der wir picknicken; der wunderbar einsame Küstenabschnitt, an dem die Wälder bis ans Ufer reichen; die bunten Segel im fernen Blau; die Frische, das Licht, die Weite – all das ist an die

Picknickenden verschwendet, und sie betrachten es nicht einmal gleichgültig, sondern unmutig, weil sie ständig gezwungen sind, diese grässlichen Kreaturen zu bekämpfen. Es ist nett, der einzige Mensch zu sein, der je an diesen Ort fährt oder ihn anderen zeigt, aber wenn es dort mehr Leute gäbe, wären die Stechmücken vielleicht weniger abgemagert und ausgehungert und erfreut, uns zu sehen. Er ist allerdings ein sehr günstiges Ausflugziel für störrische Gäste, die schon zu lange geblieben sind oder meine Bücher über Nacht im Garten liegen lassen oder sich auf andere Weise zur unerträglichen Bürde entwickeln; dann schlage ich eines heißen, sonnigen Morgens, wenn alle schlaff aussehen, plötzlich ein Picknick an der Ostsee vor. Ich habe es noch nie erlebt, dass dieser Vorschlag nicht mit begeisterten, überraschten Ausrufen begrüßt wurde.

»Die Ostsee! Sie haben uns ja gar nicht gesagt, dass sie von hier aus erreichbar ist! Wie *himmlisch* wäre an einem solchen Tag ein wenig Meeresbrise! Schon der *Gedanke* macht einen wieder lebendig! Es wäre *herrlich*, die Ostsee zu sehen! Oh *bitte*, fahren Sie mit uns hin!« Und dann fahre ich mit ihnen hin.

Aber an einem strahlenden Wintertag ist mein Gewissen so rein wie die eisige Luft, und gestern früh fuhren wir bester Laune los; selbst Minora war geneigt, beim kleinsten Anlass unmäßig loszukichern. Nur unsere Augen schauten aus den Pelz- und Wollschichten hervor, mit denen wir unsere Köpfe umwickelt hatten, damit unsere Ohren und Nasen beim Heimkommen an der gleichen Stelle wären wie beim Losfahren, und auf den ersten paar Kilometern brachen wir über unsere seltsame Aufmachung immer wieder in lautes Gelächter aus – eine Tatsache, die ich nur erwähne, um zu zeigen, welche Auswirkungen trockene, klare, starke Kälte auf den gesunden Organismus hat und wie viel besser es ist, sie draußen zu genießen, als drinnen zu schmollen. Als wir mit knallender Peitsche und klingelnden Glöckchen das Nachbardorf passierten, tauchten neugierige Köpfe an den Fenstern auf, und das einzige lebende Wesen auf der stillen, sonnigen Straße war ein melancholisches Huhn mit zerrupften Federn, das uns vorwurfsvoll anschaute, als wir so energisch über den knirschenden Schnee sausten.

»Oh, du dummes Tier!«, rief Irais im Vorbeifahren. »Wenn du so still herumstehst, bist du bald ein kaltes Huhn, aber bei einem solchen Wetter mögen die Leute ihr Hühnchen lieber heiß!«

Und dann lachten wir alle ganz unmäßig, als wäre das ein hervorragender Witz gewesen, und bevor wir aufgehört hatten, waren wir schon jenseits des Dorfes, in dem offenen Landstrich dahinter, von wo aus wir weit hinten in der Ferne unser Haus und den Garten sehen konnten, die in der Sonne glitzerten; und vor uns lagen der Wald mit seinen weiten Blicken durch die Kiefern, die sich bin ins Unendliche erstreckten, und eine Zwanzig-Kilometer-Fahrt durch diesen Wald bis zum Meer. Es war ein Raureiftag, und der Wald war ein Zauberwald, der ins Elfenreich führte, und obwohl Irais und ich schon oft hier waren und es immer sehr hübsch fanden, standen wir gestern doch unter dem letzten Torbogen aus bereiften Bäumen und waren sprachlos angesichts solcher Schönheit. Das Meer war bis weit draußen zugefroren, dahinter sah man ein dunkelblaues Band und einen Schwarm orangeroter Segel; zu unseren Füßen lag ein schmaler Streifen hellgelben Sandes, rechts und links die glitzernde Linie des Waldes und mittendrin wir selbst in einer Welt aus diamantweißen Eisblumen. Die Stille eines ewigen Sonntags lag über allem wie eine Segnung.

Minora brach das Schweigen mit der Bemerkung, Dresden sei hübsch, aber dieser Ort hier fast noch hübscher.

»Ich verstehe nicht ganz«, sagte Irais mit gedämpfter Stimme, als stünde sie in einem Heiligtum, »wie man beides vergleichen kann.«

»Nun, Dresden ist natürlich bequemer«, antwortete Minora, woraufhin wir uns abwandten und uns vornahmen, sie mit Essen zum Schweigen zu bringen; wir gingen also zurück zum Schlitten und ließen die Pferde abschirren. Sie bekamen Decken übergelegt und wurden in einiger Entfernung auf einer Waldlichtung auf- und abgeführt, während wir im Schlitten saßen und picknickten. Es *ist* ein schwerer Tag für die Pferde – fast fünfzig Kilometer hin und zurück und kein Stall in der Mitte –, aber sie sind so fett und verwöhnt, dass es ihnen nicht schadet, zwischendurch einmal von der Bitternis des Lebens zu kosten. Ich habe Suppe aufgewärmt, in einem kleinen Öfchen, das ich für solche Gelegenheiten besitze, und sie mildert die Kälte der Brote ein wenig ab – ein Winterpicknick hat den Nachteil, dass der Proviant gerade dann kalt und klamm ist, wenn man sich besonders nach etwas Heißem sehnt. Minora befreite ihre Nase sehr vorsichtig von ihrer Umhüllung, aß einen Löffel Suppe und wickelte sie schnell wieder ein. Sie hatte Angst, sie könnte Frostschäden erleiden, und die Wahrheitsliebe zwingt mich zuzugeben, dass ihre Nase keine schlechte Nase ist und an einer anderen Person sogar hübsch aussehen könnte, aber sie weiß nicht, wie man sie zu tragen hat. Die Nase im richtigen Winkel zu tragen ist eine Kunst, genau wie alles andere – schließlich sind Nasen nicht nur zum Schneuzen gedacht.

Belegte Brote mit riesigen Pelz- und Wollhandschuhen zu essen ist das Schwierigste von der Welt. Ich glaube, wir nahmen genauso viel Pelz wie Brot zu uns und mussten dabei ständig husten. Minora ärgerte sich darüber und streifte schließlich ihren Handschuh ab, zog ihn aber schnell wieder an.

»Wie überaus unangenehm«, bemerkte sie, nachdem sie ein großes Stück Pelz verschluckt hatte.

»Das schmiegt sich in Ihre Gurgel und wärmt«, kommentierte Irais.

»Gurgel!«, wiederholte Minora, angewidert von einem so profanen Wort.

»Ich fürchte, ich kann Ihnen nicht helfen«, sagte ich, als sie immer noch würgte und spuckte, »wir sind alle in der gleichen Lage und ich weiß nicht, was ich daran ändern könnte.«

»Es gibt ja wohl so etwas wie Gabeln«, schnappte Minora.

»Das ist wahr«, erwiderte ich, überwältigt von der Offensichtlichkeit dieser Lösung; aber was helfen Gabeln, wenn sie fünfundzwanzig Kilometer entfernt sind? So musste Minora weiter ihre Handschuhe essen.

Als wir fertig waren, stand die Sonne schon tief hinter den Bäumen, und die Wolken liefen blassrosa an. Der alte Kutscher hatte belegte Brote und Suppe bekommen, und während er sein Essen in der einen Hand hielt und die Pferde mit der anderen auf- und abführte, packten wir alles ein – oder, um genau zu sein: Ich packte, und die anderen schauten zu und gaben mir wertvolle Ratschläge.

Dieser Kutscher heißt Peter und ist siebzig Jahre alt; er wurde auf dem Gut geboren und kutschiert dessen Bewohner seit fünfzig Jahren, und ich mag ihn fast ebenso gern wie die Sonnenuhr; tatsächlich weiß ich nicht, was ich ohne ihn tun würde, weil er meine Vorlieben und Wünsche anscheinend vollkommen versteht und billigt. Keine Fahrt ist zu weit oder zu schwer für die Pferde, wenn ich sie unternehmen will, kein Ort unerreichbar, wenn ich dort hinmöchte, kein Wetter und keine Straße zu schlecht, um auszufahren, wenn ich es wünsche: Er reagiert auf all meine Vorschläge mit bereitwilliger Fröhlichkeit und wischt alle Einwände weg, die der Zornesmensch erhebt; dieser nennt ihn zum Dank für seinen Eifer, mir Freude zu bereiten, einen »alten Esel«. An schönen Sommerabenden fahre ich gerne spät und allein durch die duftenden Wälder, und wenn ich eine dunkle Stelle erreicht habe, lasse ich anhalten und lausche den Nachtigallen, die ihre kleine Melodie mit gurrenden Intermezzi immer wiederholen; wenn es keine Nachtigallen gibt, horche ich auf die wunderbare Stille und lasse ihre Segnungen tief in meine Seele sinken. Die Nachtigallen hier singen alle die gleiche Melodie, und alle in der gleichen Tonart (Es-Dur):

Ich weiß nicht, ob alle Nachtigallen das machen oder ob es eine Spezialität dieses besonderen Ortes ist. Wenn sie fertig sind, räuspern sie sich ein wenig, zögern kurz und fangen dann wieder von vorne an, mit dem hübschesten kleinen Liedchen der Welt. Wie könnte ich ohne Peter meiner Leidenschaft für diese Kutschfahrten und ihre Pausen frönen? Er ist so daran gewöhnt, dass er inzwischen im richtigen Moment anhält, ohne dass ich es ihm sagen muss, und er ist bereit, mich die ganze Nacht lang zu kutschieren, wenn ich das möchte, ohne dass auf seinem lieben alten Gesicht irgendetwas anderes zu sehen wäre als fröhliche Bereitwilligkeit. Der Zornesmensch missbilligt diese exzentrischen Vorlieben, wie er sie nennt, hat aber den Versuch aufgegeben, mich davon abzuhalten, denn während er in einem Teil des Hauses es missbilligt, schlüpfe ich in einem anderen zur Tür hinaus und bin weg, bevor er mich einholen kann; bis er entdeckt hat, dass ich nirgends zu finden bin, habe ich mich schon in den Schatten der Wälder verloren.

Peters strahlende Vollkommenheit wird allerdings von einem Makel getrübt, und zwar der Tatsache, dass ihn allmählich das Alter beschleicht; er kann die Pferde nicht mehr im Zaum halten, wenn sie nicht im Zaum gehalten werden wollen, und manchmal schläft er auf dem Kutschbock ein, wenn ich ihn zu früh nach dem Mittagessen losfahren lasse. Er hat mich im vergangenen Jahr zweimal umkippen lassen – einmal letzten Winter mit dem Schlitten und einmal diesen Sommer, als die Pferde vor einem Fahrrad scheuten und durchgingen, in den Graben neben der Chaussee; und das Fahrrad hatte solche Angst vor den durchgehenden Pferden, dass es ebenfalls scheute, in den Graben auf der anderen Seite, und der Wagen war zertrümmert und das Fahrrad verbogen und wir alle sehr unglücklich – alle außer Peter, der nie sein freundliches Lächeln verlor und so sanft aussah, dass meine Zunge am Gaumen kleben blieb, als sie ihn schelten sollte.

»Aber ich finde, er hätte bei einem solchen Anlass *gründliche* Schelte verdient«, meinte Minora, der ich diese Geschichte erzählte, während wir über den gelben Sand spazierten und die Pferde vor den Schlitten gespannt wurden; sie schaute nervös zu Peter hinüber, dessen sanftes Antlitz zwischen den Büschen über uns zu sehen war.

»Werden wir zu Hause sein, bevor es dunkel wird?«, fragte sie.

Die Sonne war ganz hinter den Kiefern verschwunden

und nur die obersten kleinen Wölkchen schimmerten noch rosa; draußen auf dem Meer kroch der Nebel heran, und die Segel der Fischerboote sahen mattbraun aus; ein Schwarm Wildgänse zog laut schnatternd vor dem Vollmond vorbei.

»Bevor es dunkel wird?«, wiederholte Irais. »Das glaube ich kaum. Im Wald ist es schon fast finster, und wir haben bestimmt eine wunderschöne Rückfahrt bei Mondschein.«

»Aber es ist doch bestimmt sehr gefährlich, einen Mann kutschieren zu lassen, der einschläft?«, wandte Minora besorgt ein.

»Aber er ist so ein lieber alter Mann«, sagte ich.

»Ja, ja, ganz bestimmt«, entgegnete sie gereizt, »aber es gibt auch liebe *und* wachsame alte Männer, und auf dem Kutschbock sind sie wohl vorzuziehen.«

Irais lachte. »Sie werden ja richtig amüsant, Miss Minora«, sagte sie.

»Heute sitzt er gar nicht auf dem Kutschbock«, sagte ich, »und ich habe es noch nie erlebt, dass er, hinter uns auf dem Schlitten stehend, eingeschlafen wäre.«

Aber Minora war nicht zu besänftigen und murmelte etwas davon, dass sträflicher Leichtsinn nichts Amüsantes sei, was zeigt, wie beunruhigt sie war, denn diese Bemerkung war unhöflich.

Peter allerdings benahm sich auf dem Heimweg wunderbar, und Irais und ich waren jedenfalls während der Rückfahrt mindestens so glücklich, wie man nur sein kann. Hin und wieder blitzte die Pracht des Westhimmels am Ende einer langen Allee auf, während wir vorbeisausten, und später, als sie verblasst war, erschienen Myriaden von Sternen auf dem schmalen schwarzen Streifen Himmel über unseren Köpfen. Es war bitterkalt, und Minora war schweigsam, und ganz und gar nicht dazu aufgelegt, mit uns zu lachen wie sechs Stunden zuvor.

»Haben Sie sich gut amüsiert, Miss Minora?«, erkundigte sich Irais, als wir aus dem Wald auf die Chaussee kamen und die Lichter unseres Nachbardorfes in der Ferne blinkten.

»Was glauben Sie, wie viel Grad minus hat es jetzt?«, lautete Minoras Antwort auf diese Frage.

»Grad? – Minus? Ach, du liebe Güte, Ihnen ist kalt!«, rief Irais anteilnehmend.

»Nun, es ist nicht gerade warm, oder?«, sagte Minora mürrisch, und Irais kniff mich heimlich.

»Ja, aber stellen Sie sich vor, wie viel kälter Ihnen wäre ohne den ganzen Pelz, den Sie beim Picknick gegessen haben«, sagte sie.

»Und was für ein nettes Kapitel Sie über die Ostsee schreiben können«, ergänzte ich. »Es ist praktisch sicher, dass Sie die erste Person aus England sind, die genau diesen Teil der Küste gesehen hat.«

»Gibt es da nicht so ein englisches Gedicht«, fragte Irais, »irgendwas mit ›Kein Mensch bisher wagt' sich hierher –‹«

»›In dieses stille Meer‹«, vollendete Minora hastig. »Man darf das nicht aus dem Kontext reißen, wissen Sie?«

»Aber das wollte ich ja gar nicht«, antwortete Irais sanft.

»Ich habe nur eine Atempause gemacht. Ich muss Luft holen, sonst sterbe ich vielleicht.«

Die Lichter aus dem Schloss meiner tatkräftigen Freundin strahlten hell zu uns herab, während wir den Hügel umrundeten, auf dem es steht; auf diesen Hügel ist sie sehr stolz, und das kann sie auch sein, denn es ist der einzige im ganzen Bezirk.

»Machen Sie nie Besuche dort?«, fragte Minora und bewegte ihren Kopf in Richtung des Schlosses.

»Manchmal. Sie ist eine viel beschäftigte Frau, und wenn ich öfter dort wäre, hätte ich das Gefühl, im Weg zu stehen.«

»Es wäre interessant, noch andere norddeutsche Wohnräume zu sehen«, sagte Minora, »und ich wäre Ihnen sehr verbunden, wenn Sie mich mitnehmen könnten.«

»Aber ich kann nicht plötzlich mit einem fremden Mädchen bei ihr einfallen«, protestierte ich, »wir sind nicht so eng befreundet, dass ich all meine Gäste zu ihr mitnehmen könnte.«

»Wozu wollen Sie noch andere Interieurs sehen?«, fragte Irais. »Ich kann Ihnen erzählen, wie es dort aussieht, und wenn Sie hingingen, würde niemand mit Ihnen reden, und sollten Sie Fragen stellen und sich Notizen machen, würde die gnädige Frau Sie in blankem Erstaunen anstarren und annehmen, Elizabeth hätte eine junge Irre auf Freigang mitgebracht. Nicht *jeder* ist so geduldig wie Elizabeth.« Irais hatte noch offene Rechnungen zu begleichen.

»Ich würde ja vieles für Sie tun, Miss Minora«, sagte ich, »aber das nicht.«

»Wenn wir dort ankämen«, sagte Irais, »würde man Elizabeth und mich mit vielen Umständen auf ein Sofa hinter einen großen, polierten ovalen Tisch dirigieren, mit einem Häkeldeckchen in der Mitte – es *liegt* doch ein Häkeldeckchen in der Mitte, oder?« Ich nickte. »Und Sie würden auf einem der vier rundlichen, mit Knöpfen und Fransen geschmückten roten Sesselchen auf der anderen Seite des Tisches sitzen, gegenüber vom Sofa. Sie *sind* doch rot, Elizabeth?« Ich nickte wieder. »Der Boden ist gelb lackiert, und es gibt keine Teppiche außer einem Vorleger vor dem Sofa. Die Tapete ist dunkel schokoladenbraun, fast schwarz, damit auch nach vielen Jahren der Schmutz nicht zu sehen ist und der Raum nicht renoviert werden muss. Dreck ist wie Bosheit, wissen Sie, Miss Minora – dass er da ist, stört uns nicht; erst, wenn er so offensichtlich ist, dass alle ihn bemerken, schämen wir uns für ihn. Ringsum an den hohen Wänden stehen in Abständen Stühle und Schränkchen mit Kerzenleuchtern darauf, und in einer Ecke gibt es einen großen, kalten weißen Kachelofen – oder ist er aus Majolika?«, fragte sie und wandte sich mir zu.

»Nein, er ist weiß.«

»Es gibt sehr viele wunderschöne, große Fenster, alle stets bereit, Luft und Sonne hereinzulassen, aber sie sind so sorgfältig mit Vorhängen aus brauner Spitze und dickeren aus Stoff verhängt, als stünde gleich gegenüber eine ganze Reihe von Neubauten mit lauter Fenstern, aus denen neugierige Augen hereinspähen wollen; dabei gibt es nur Felder und Bäume und Vögel. Kein Feuer, keine Sonne, keine

Bücher, keine Blumen, aber ein tröstlicher Geruch nach Rotkohl, der unter der Tür hindurchdringt und sich in der passenden Jahreszeit mit dem von Seifenlauge mischt.«

»Wann waren Sie dort?«, fragte Minora.

»Ja, wirklich, wann war ich dort? Wann war ich nicht dort? Ich war mein ganzes Leben lang dort zu Besuch.«

Minoras Augen bewegten sich in den Tiefen ihrer Kopfvermummung zweifelnd hin und her, erst zu mir und dann zu Irais; es sind große Augen mit dunklen Wimpern, und ich würde niemals leugnen, dass jedes dieser Augen für sich genommen sehr schön ist, aber sie sind ganz falsch angebracht.

»Das Einzige, was Sie dort lernen würden«, fuhr Irais fort, »wäre die Bedeutung der Sofaecken in Deutschland. Wenn wir drei zusammen ankämen, würde man mir als wichtigstem fremdem Gast die rechte Ecke anbieten, weil das der Ehrenplatz ist, Elizabeth würde gebeten, sich in die linke Ecke zu setzen, denn sie ist die Zweitwichtigste, die Gastgeberin würde sich in einem Sessel neben uns niederlassen, und Sie als vollkommen unbedeutende Person müssten sich entweder selbst einen Platz suchen oder würden auf einen Sessel uns gegenüber platziert, damit die ganze Tischbreite die riesige soziale Kluft markiert, die eine verheiratete Frau von der bloßen Jungfrau trennt. Diese Sofaecken ermöglichen es wie kein anderes Instrument, feinste Unterschiede zu markieren. Wenn die Welt unterginge, würde das weniger Aufruhr verursachen als Sie, Miss Minora, falls Sie durch irgendeinen Zufall auf die rechte Ecke eines Sofas geraten sollten. Dass Sie in einem Sessel auf der anderen Tischseite sitzen, definiert sofort Ihre Rangstellung und Ihre genaue soziale Position, oder eher: Ihren vollkommenen Mangel an sozialem Rang.« Und Irais hob ihre Nase ein ganz klein wenig in Richtung Himmel. »Notieren Sie sich das«, fügte sie hinzu, »als Überschrift für Ihr nächstes Kapitel.«

»Was soll ich notieren?«, fragt Minora ungeduldig.

»Was? *Die subtile Symbolik der Sofas* natürlich«, antwortete Irais. »Falls«, fuhr sie fort, als Minora keine Zustimmung zu diesem Vorschlag äußerte, »Sie jemandem einen unerwarteten Besuch abstatten sollten, würden Sie mit dem Pech der Unschuldigen wahrscheinlich einen Waschtag erwischen, und die abgelenkte Dame des Hauses würde Sie so lange im kalten Zimmer warten lassen, während sie sich umzieht, dass Sie schon Angst hätten zu verschmachten, und wenn sie schließlich doch noch erschiene, würde die Bitterkeit in ihrem Willkommenslächeln den Zorn verraten, der in ihrem Herzen lodert.«

»Aber was hat die Dame des Hauses mit der Wäsche zu tun?«

»Was sie mit der Wäsche zu tun hat? Oh, Sie arme Unschuldige – verzeihen Sie meine Vertraulichkeit, aber eine solche Unkenntnis ländlicher Sitten ist sehr rührend bei einer Person, die ein Buch darüber schreibt.«

»Oh, ich bezweifele nicht, dass ich sehr unwissend bin«, sagte Minora herablassend.

»Waschtage«, erklärte Irais, »sind besondere Zeiten, die

der Hausfrau heilig sind. Sie kommen nur alle zwei oder drei Monate vor, und währenddessen ist das ganze Haus in Aufruhr, alle anderen Anliegen werden hintangestellt, Mann und Kinder versinken in Bedeutungslosigkeit, und niemand darf die Dame des Hauses in dieser Zeit der Säuberung ansprechen oder stören, es sei denn auf eigene Gefahr.«

»Sie wollen doch nicht ernsthaft behaupten«, fragte Minora, »dass Sie Ihre Kleider nur viermal im Jahr waschen?«

»Doch, das will ich«, antwortete Irais.

»Das finde ich wirklich ekelhaft«, sagte Minora entschieden.

Irais hob ihre hübschen, zarten Augenbrauen. »Dann müssen Sie aufpassen, dass Sie keinen Deutschen heiraten«, sagte sie.

»Aber warum machen Sie das?«, fragte Minora weiter.

»Na, um die Wäsche sauber zu bekommen, nehme ich an.«

»Ja, ja, aber warum in so großen Abständen?«

»Das ist ein äußeres, sichtbares Zeichen dafür, dass man riesige Mengen an Wäsche besitzt. Wenn Sie Ihre Kleidung jede Woche waschen lassen müssten wie in England, würden Sie als jemand abgetan, der nur für diese kurze Zeit genug hat, und wären ein Objekt allgemeiner Verachtung.«

»Aber ich wäre ein sauberes Objekt«, rief Minora, »und in meinem Haus würde sich nicht lauter Dreck ansammeln.«

Wir sagten nichts – es gab nichts zu sagen.

»Ihr England muss ein glückliches Land sein«, bemerkte Irais nach einer Weile und seufzte – zweifellos entstand vor ihrem geistigen Auge die beseligende Vision eines Landes voller Waschfrauen und flink zu Türklinken hechtender Gentlemen.

»Auf jeden Fall ist es ein *sauberes* Land«, entgegnete Minora.

»*Ich* würde nicht dort leben wollen«, sagte ich – denn wir näherten uns dem Haus, und Erinnerungen an Nebel und Schirme stiegen in mir auf, während ich seine geliebte alte Westfassade betrachtete, und ich hatte das Gefühl, dass ich genau hier leben und sterben wollte und dass es nie eine glücklichere Frau gab als Elizabeth.

18. April

Seit Irais und Minora abgereist sind, war ich so beschäftigt, dass ich gar nicht glauben kann, dass der Frühling da ist – bis jetzt nur sein Unterrock, denn der Boden ist zwar ein Elfenland voller zarter kleiner Blätter, aber die Bäume darüber sind noch ganz kahl.

Der Februar ging vorüber, ehe ich richtig gemerkt hatte, dass er da war, so vertieft war ich ins Anlegen von Frühbeeten, in die ich Petunien, Verbenen und Ziertabak aussäen ließ. Mehr als dreißig weitere dienen ausschließlich dem Gemüse, denn kürzlich war mir bewusst geworden, dass der Anbau von Gemüse interessant sein muss, neben seinen soliden Tugenden, die Blumen nicht zu bieten haben, und dass ich den Obst- und Gemüsegarten ebenfalls in meine Obhut nehmen könnte. Also preschte ich mit dem ganzen Eifer vollkommener Unerfahrenheit los und brachte meine Februarabende mit dem Brüten über Gartenbüchern zu und meine Tage damit, die frisch erworbene Weisheit anzuwenden. Wer sagt, dass der Februar auf dem Land ein öder, trauriger, zäher Monat sein muss? Hier war er fröhlich und leichtfüßig; seine milden Tage ließen mich mit dem Umgraben und Düngen wunderbar vorankommen und füllten meine Räume mit Schneeglöckchen. Je länger ich auf der Welt bin, desto größer wird mein Respekt für Dünger in all seinen Formen, und obwohl das Jahr noch so jung ist, habe ich doch schon einen beträchtlichen Teil meines Taschengelds für Kunstdünger ausgegeben. Der Zornesmensch sagt, er habe noch nie eine junge Frau kennengelernt, die ihr Geld auf diese Weise ausgebe. Ich merkte an, es müsse doch nett sein, eine so originelle Ehefrau zu haben. Er entgegnete, das Wort »originell« beschreibe mich wohl kaum – die korrekte Bezeichnung sei eher »exzentrisch«. Nun gut, ich nehme an, ich bin exzentrisch, wenn sogar mein Gatte das sagt, aber wenn meine Spleens von so praktischer Art sind, dass sie später zum dicksten Blumenkohl und zartesten Salat Preußens führen, sollte er wohl der Erste sein, der mich preist und segnet.

Ich habe in England Samen für grüne Sommerkürbisse bestellt, weil sie hier nicht angebaut werden und die Leute versuchen, an ihrer Stelle Gurken zu kochen; aber gekochte Gurken sind etwas Unangenehmes, und ich sehe nicht ein, warum Sommerkürbisse bei mir nicht perfekt gedeihen sollten. Sie und die Primeln sind die beiden englischen Zutaten zu meinem Garten. Die Primelwurzeln habe ich in einer Blechbüchse von meiner letzten Englandreise mitgebracht und bin gespannt, ob sie willens sind, hier zu leben. Mit Sicherheit gibt es solche Primeln im *Vaterland* nicht, und ich schließe daraus, dass der Winter sie umbringt, denn wenn diese reizenden Dinger hier gedeihen würden, wären sie bestimmt nicht unbemerkt geblieben. Irais ist an diesem Experiment eifrig interessiert; sie liest so viele englische Bücher, dass sich in ihrem Geist *primroses* und die konservative *Primrose League* untrennbar vermischt haben und sie diese rätselhafte Politblume unbedingt sehen möchte; sie hat mir das Versprechen abgenommen, ihr zu telegrafieren, sobald sie blüht, damit sie vorbeikommen kann. Aber dieses Jahr werden sie gar nichts tun, und ich kann nur hoffen, dass diese kalten Tage sie nicht ins Blumenparadies befördert haben. Ich fürchte, ihr erster Eindruck von Deutschland ist eher frostig ausgefallen.

Irais schreibt ungefähr einmal pro Woche und erkundigt sich nach dem Garten und den Kinderlein und verkündet ihre Absicht, wiederzukommen, sobald die zahlreichen Verwandten, die bei ihr zu Gast sind, abreisen – »was sie nicht tun werden«, schrieb sie neulich, »bevor der erste Frost sie zwickt; dann werden sie verschwinden wie verspätete Dahlien – natürlich die gefüllten, denn die einfachen sind zu reizend, um mit Verwandten verglichen zu werden. Ich habe hier Cousins und Onkel und Tanten aller Art, und sie sind schon seit dem Geburtstag meines Mannes da – nicht immer dieselben, aber sie bringen mich so durcheinander, dass ich nie genau weiß, wann der eine Besuch aufhört und der nächste anfängt. Mein Mann verschwindet nach dem Frühstück, um nach seinen Feldern zu sehen, jedenfalls sagt er das, und ich bin ihnen ausgeliefert. Ich wünschte, ich hätte Felder, nach denen ich sehen könnte – schon für ein einziges wäre ich dankbar und würde es lieber von morgens bis abends anstarren, bis es ganz aus der Fassung gerät, als zu Hause zu bleiben und mir von rätselhaften Tanten die Wahrheit sagen zu lassen. Kennst Du meine Tante Bertha? Sie verbringt ihre Zeit besonders gern damit, mir obskure Fragen zu stellen, die ich beantworten muss. Ich werde ganz müde und ängstlich, während ich versuche, die Antworten zu erraten, bei denen es sich immer um irgendwelche Wahrheiten handelt, die mir angeblich guttun. ›Warum frisierst du dein Haar in die Stirn?‹, fragt sie mich – und dann fange ich an, mich zu fragen, warum ich es in die Stirn frisiere und warum sie das wissen will oder ob sie es längst weiß und nur testen möchte, ob ich wahrheitsgemäß antworte. ›Ich weiß es wirklich nicht, Tante Bertha‹, sage ich kleinlaut, nachdem ich lange daran herumgerätselt habe, ›vielleicht weiß es meine Zofe. Soll ich läuten und sie fragen?‹ Und dann teilt sie mir mit, dass ich es so trage, um eine hässliche Falte zu verdecken, die, wie sie sagt, senkrecht in der Mitte meiner Stirn verläuft und einen antriebslosen und unzufriedenen Charakter anzeigt. Wenn sie das weiß, warum fragt sie mich dann? Wann immer ich mit ihnen zusammen bin, stellen sie mir solche Rätselfragen, und ich führe ein Leben wie ein *Hund*. Ach, meine Liebe, Verwandte sind wie Medizin – in kleinen Dosen manchmal nützlich, oder sogar angenehm, aber insgesamt so fürchterlich schädlich, dass weise Menschen sie meiden.«

Von Minora habe ich seit ihrer Abreise nur eine Mitteilung bekommen, in der sie mir für den angenehmen Besuch dankte und schrieb, dass sie mir ein Fläschchen englisches Einreibemittel schicken würde, mit dem ich nach dem Schlittschuhlaufen meine blauen Flecke behandeln könne, dass es eine wunderbare Tinktur sei, die mir sicherlich gefallen würde, und dass sie zwei Mark koste und ob ich das in Briefmarken übersenden könne. Ich grübelte lange über diesen Brief. War das ein Abschiedshieb, als Rache dafür, dass wir über sie gelacht hatten? War sie persönlich am Verkaufserlös des Einreibemittels beteiligt? Oder war es einfach Minoras Vorstellung von einer höflichen Gegenleistung für meine Gastfreundschaft? Was die blauen Flecken angeht: Niemand, der anständig Schlittschuh laufen kann, sieht das als eine Betätigung, die blaue Flecke produziert, und wann immer es welche gab, waren sie alle auf Minora; aber ich kann mich daran erinnern, dass sie sich einmal genau in dem Moment umdrehte, als ich das erste und einzige Mal hinfiel, und ihr Entzücken wurde von ihrer übermäßigen Fürsorglichkeit und Anteilnahme nur dünn bemäntelt. Ich schickte ihr die Briefmarken, erhielt die Flasche und beschloss, sie aus meinem Leben fallen zu lassen; ich hatte mich auf Bitten meiner Freundin ihr gegenüber als gute Samariterin gezeigt, aber auch die barmherzigsten Samariter mögen es nicht, wenn ihnen zum Dank Heilöl zum Eigengebrauch angeboten wird.

Aber warum sollte ich an Ostern einen Gedanken an Minora verschwenden, am – ungeachtet aller Kalender – wahren Beginn des Jahres? Minora gehört zum Winter, der vorüber ist, zur Dunkelheit, die vorüber ist, und sie hat keinen Anteil an dem Leben, das ich in den nächsten sechs Monaten führen werde. Ach, ich könnte tanzen und springen vor Freude darüber, dass der Frühling da ist! Welch eine Wiederauferstehung der Schönheit in meinem Garten, und der fröhlichsten Hoffnungen in meinem Herzen! Diesen ganzen strahlenden Ostertag habe ich draußen verbracht: Erst saß ich zwischen Buschwindröschen und Scharbockskraut, dann spazierte ich mit den Kinderlein zum Hirschwald, um zu sehen, was der Frühling dort getrieben hatte, und am Nachmittag war es so heiß, dass wir uns lange auf dem Rücken ins Gras legten und durch die blattlosen Birkenzweige die weichen, dicken weißen Wölkchen betrachteten, die regungslos im Blau schwebten. Wir tranken Tee im sonnigen Gras, und als es spät geworden war und die Kinderlein im Bett lagen und all die kleinen Buschwindröschen sich für die Nacht zusammengefaltet hatten, wanderte ich immer noch über die grünen Pfade, das Herz voll glücklicher Dankbarkeit. Es stimmt einen demütig, von so reicher Schönheit und Vollkommenheit umgeben zu sein, die einem aus unbekannter Quelle so freigebig geschenkt wird, und über den unendlichen Geiz unserer eigenen widerwilligen Freigebigkeit nachzudenken und wie beleidigt wir sind, wenn sie nicht sofort und angemessen gewürdigt wird. Ich vertraue von Herzen darauf, dass ich die Segnungen, die mich stets in meinem Garten erwarten, allmählich immer mehr verdienen werde und dass mein Anstand, meine Geduld und meine Heiterkeit wachsen wie die fröhlichen Blumen, die ich so liebe.

Autorin, Gräfin, Gärtnerin: die vielen Leben der Elizabeth von Arnim

Nachwort der Übersetzerin

Wer ist Elizabeth? Über diese Frage rätselte die englischsprachige Welt, als 1898 der Bestseller *Elizabeth and her German Garden* erschien. In Großbritannien, Australien und den USA rissen sich die Menschen um die anonymen Notizen aus der deutschen Provinz, die als eines der erfolgreichsten Bücher ihrer Zeit schon in den ersten vier Monaten zehn Neuauflagen erlebten. Aber wer war die Autorin – oder der Autor? Die *New York Times* tippte auf Fürstin Daisy von Pless, eine in England geborene schlesische Großgrundbesitzerin, der *San Francisco Examiner* vermutete, bei »Elizabeth« handele es sich in Wahrheit um Prinzessin Irene von Preußen, die Enkelin von Königin Victoria, und der *Derby Mercury* war sich sicher, der Verfasser sei »*a gentleman, not a lady*«.

Elizabeth blieb ein Mysterium: Sie lagen allesamt falsch, sehr zur Freude der wahren Autorin. Mary Annette Beauchamp, genannt May, 1866 in Australien geboren und in England aufgewachsen, lebte mit ihrem deutschen Ehemann auf Gut Nassenheide in Pommern. Sie liebte die Abgeschiedenheit dort und legte Wert darauf, auch als Autorin unerkannt bleiben. Oder wollte ihr Ehemann, der »Zornesmensch«, dass sie die unstandesgemäße Tätigkeit einer

Schriftstellerin nur anonym ausübte? Auf jeden Fall tat sie einiges, um ihre Anonymität zu wahren: Als die Literaturzeitschrift *Athenaeum* sie als mögliche »Elizabeth« ins Spiel brachte, ließ sie ihren Verlag schriftlich dementieren. Aus Sorge, entlarvt zu werden, verwahrte sie sich gegen eine deutsche Übersetzung (*Elizabeth and her German Garden* erschien erst 1911, über zehn Jahre später, zum ersten Mal auf Deutsch). Und schließlich griff sie sogar zu literarischen Mitteln: Im Jahr 1900, zwei Jahre nach der Erstausgabe, erschien eine erweiterte Neuausgabe des Buches. Sie enthielt ein Zusatzkapitel, in dem die fiktive Elizabeth von ihrem brandenburgischen Vater erzählt und den deutschen Garten ihrer Kindheit besucht. Sollte dieser mit »20. November« betitelte Text – in der vorliegenden Ausgabe erstmals ins Deutsche übersetzt – die Leser auf eine falsche Fährte locken und von May Beauchamp ablenken, deren Vater Australier war und die erst als junge Ehefrau nach Deutschland kam? Das mag wohl sein; auch bei anderen Ereignissen und Personen des Buches handelt es sich eher um freie Interpretationen der Wirklichkeit als um autobiographische Schilderungen.

Insofern dauerte es tatsächlich Jahre, bis die wahre Identität von »Elizabeth« ans Licht kam: May war seit ihrer Heirat mit Henning von Arnim-Schlagenthin eine preußische Gräfin und führte das Leben einer privilegierten Aristokratin. Auf Schloss Nassenheide wurde sie von Gärtnern und Gouvernanten, Kutschern und Köchinnen umsorgt, und selbst in den Zeiten, die sie »allein« verbrachte, kümmerten sich ein Dienstmädchen und eine Köchin um ihre Bedürfnisse. Die Privilegien des Landadels beschreibt sie klarsichtig in ihrem Buch. Kritisch schildert sie die miserablen Arbeitsbedingungen der russischen Landarbeiter, die mit Waffengewalt an der Flucht gehindert werden mussten; die Frauen durften selbst für die Geburt eines Kindes die Arbeit nur kurz unterbrechen. Leicht amüsiert porträtiert sie ihre adelige Nachbarin, die das Recht, Bedienstete körperlich zu züchtigen, oft und gern nutzte. Elizabeth, wie sie sich später auch selbst nannte, behandelt ihre Dienstboten mit Respekt; bei ihren Ausfahrten sorgt sie sich um das Wohlergehen des Kutschers, und mit ihrem Gärtner verhandelt sie eher über das Bepflanzen der Beete, als ihm Befehle zu erteilen.

Zur Mentalität der preußischen Landjunker gehörte auch eine fest verwurzelte Frauenverachtung. Die misogynen Ausfälle ihres fiktionalen Ehemanns beschreibt Elizabeth mehr belustigt als empört – sie war stets bereit, weiblichen Scharfsinn zu verteidigen und männliche Eitelkeit mit sanftem Spott zu überziehen, interessierte sich aber nicht sonderlich für reale Politik. Wenn sie beispielsweise schreibt, »Frauen, Kinder und Schwachsinnige« hätten laut Gesetz nicht das Recht, politische Versammlungen zu besuchen, stimmt das wohl nur teilweise; im *Preußischen Vereinsgesetz* von 1850 ist von Kindern und »Schwachsinnigen« nicht die Rede, sondern nur von »Frauenspersonen, Schülern und Lehrlingen«.

Elizabeth selbst musste sich nicht ihr Leben lang den

verhassten preußischen Regeln unterwerfen: Schon 1908, zehn Jahre nach Erscheinen von *Elizabeth and her German Garden* musste Gut Nassenheide verkauft werden; Henning, der Zornesmensch, starb wenig später. In den folgenden Jahrzehnten zog Elizabeth als Erfolgsschriftstellerin durch die Welt und führte ein freies Leben in der Schweiz, England, Südfrankreich und den USA, wo sie 1941 starb.

Nicht zuletzt war Elizabeth aber zeitlebens auch Gärtnerin. Zwar nahm sie als Gräfin den Spaten nicht – oder nur heimlich – selbst in die Hand, aber ihre Ideen und Vorlieben zeugen von Sachverstand und Fantasie. Viele ihrer Pflanzkonzepte waren damals hochmodern; sie pflanzte ihre Setzlinge in natürlich wirkenden Gruppen, komponierte einfarbige Blumenbeete aus verschiedenen Arten und zog ihre Rosen statt auf kahlen Beeten in Gesellschaft anderer Blumen. Wer Lust hat, *à la Elizabeth* zu gärtnern, könnte verschiedene Projekte umsetzen:

Ein strahlend gelbes Beet aus Ringelblumen, gelben Lupinen, Dahlien, Zinnien und anderen Gelbblühern, wie sie es am 22. Dezember beschreibt, würde auch heute noch düstere Ecken aus immergrünen Gehölzen bis zum ersten Frost erhellen. Oder man pflanzt lieber gleich freundlich weiße Birken wie im Hirschwald und setzt strahlend rote Azaleen (*Rhododendron molle ssp. japonicum*) darunter. Falls Birken zu groß sind, könnte es auch das Frühjahrswäldchen aus blühenden Gehölzen vom 20. November sein, vielleicht unterpflanzt mit dem lila-blau-gelb-weißen Frühjahrsteppich vom 7. Mai, aus Veilchen, Leberblümchen, Scharbockskraut und Buschwindröschen? Beim lackgelben Scharbockskraut ist allerdings Vorsicht geboten – es breitet sich stark aus und ist nicht ideal für gepflegte Gärten; dafür ergeben seine Blätter einen köstlichen Frühjahrssalat.

Von zeitloser Schönheit ist zweifellos die Kombination aus Stockrosen, Madonnenlilien und Pfingstrosen in den Beeten vor den Bibliotheksfenstern. Der großblütige Schlafmohn, den Elizabeth dazwischen aussäte, ist allerdings im heutigen Deutschland als potenzieller Opium-Rohstoff verboten – sicherer ist es, sich an die ebenso hübschen Akeleien zu halten. Unproblematischer als Mohn sind auch die Prunkwinden mit ihren riesigen blauen Blütenkelchen, die Elizabeth zu Beginn ihrer Gartenkarriere aussäte und die nach wie vor zum Beranken kahler Ecken oder Zäune taugen. (Man braucht auch keine zehn Pfund Samen, wie Elizabeth sie in ihrer Unkenntnis bestellte – ein Tütchen genügt.) Die Sommerkürbisse, englisch *marrows*, die Elizabeth am 18. April bestellte, müssen ebenfalls aus Samen gezogen werden – aber worum handelt es sich dabei überhaupt? Marrows sind eine englische Besonderheit: große, längliche grüne Kürbisse, die man bei uns als viel zu groß geratene Zucchini ansehen würde. In England allerdings sieht man das bis heute umgekehrt – dort gelten Zucchini als »unreif geerntete« Marrows …

Die Teerosen, die Elizabeth so liebte und in Massen pflanzte, sind heute größtenteils aus den Gärten und Rosenschulen verschwunden; einige der Rosen aus dem Garten von Nassenheide sind aber noch zu haben: die zartrosa Teerose Viscountess Folkestone, die gelbe Persian Yellow, die berühmte Bourbonrose Souvenir de la Malmaison, die robuste weiße Heckenrose Mme Georges Bruant und die knallig gelb-rote Kapuzinerrose. Und natürlich gibt es auch Elizabeths geliebte Fliederbüsche noch. Diese robusten Gehölze – die heute viel zu selten gepflanzt werden – gedeihen praktisch überall und füllen Gärten und Zimmer mit herrlichen Duft- und Blütenwolken. Überhaupt: der Duft! Im späten 19. Jahrhundert wurden duftende Blumen geradezu kultisch verehrt, und Elizabeth pflanzte in ihrem Garten Arten, die heute fast vergessen sind: Reseda (*Reseda odorata*), deren hellgelbe Blütentrauben abends ihr süßes Parfum verströmen und von Bienen geliebt werden, Nachtviolen (*Hesperis matronalis*), die ihren Namen nach dem starken nächtlichen Duft der violetten oder weißen Blüten tragen, und natürlich die rankenden, vielfarbigen Duftwicken (*Lathyrus odoratus*), die sich an Zäunen oder Rankgittern ziehen lassen. Sie alle müssen ausgesät werden; wer sich diese kleine Mühe macht, wird mit Dufterlebnissen belohnt, die heute selten geworden sind.

Mit Blütenteppichen, Duftbeeten und Fliederhecken können wir den Garten von Nassenheide wieder auferstehen lassen – aus der Wirklichkeit ist er verschwunden: Das Schloss wurde 1944 bei einem Bombenangriff zerstört; im heute polnischen Rzędziny sieht man von Elizabeths Haus und Garten nur noch ein paar Schutthalden im Wald.

Sofia Blind, im Oktober 2023

Literatur

Kirsten Jüngling / Brigitte Roßbeck, *Elizabeth von Arnim*, Frankfurt am Main und Leipzig: Insel Taschenbuch 1996

Joyce Morgan, *The Countess from Kirribilli. The mysterious and free-spirited literary sensation who beguiled the world*, Crows Nest: Allen & Unwin 2021

Karen Usborne, *Elizabeth von Arnim. Eine Biographie*, aus dem Englischen von Klaus Modick, Frankfurt am Main: Schöffling & Co. 1994

Im Text zitierte Quellen

S. 16 »mais je les redoute«: Ein Ausspruch der französischen Autorin Germaine de Staël (wörtlich »Je n'y crois pas, mais je les crains«), überliefert in Henry Holland, *Recollections of Past Life*, London: Longmans, Green, and Co. 1872, S. 113.

S. 16 »in jedem Windhauch Stimmen hören ...«: Thomas Gray, »Ode on a Distant Prospect of Eton College«, 1747.

S. 33 »Ein doppelt Paradies müsst's sein ...«: Andrew Marvell, »The Garden«, 1681.

S. 44 »mit geringen Tätlichkeiten«: *Die preußische Gesindeordnung vom 8. November 1810 und ihre Ergänzungsgesetze*, § 77 Abs. 1, Berlin: Heymann 1900, S. 123.

S. 87 »Es ist die reinste ...«: Francis Bacon, *Of Gardens* (Erstausgabe 1625), London & New York: John Lane 1902, S. 11.

S. 127 »glühend«: John Keats, »I stood tip-toe upon a little hill«, 1817.

S. 202 »Kein Mensch bisher ...«: Samuel Taylor Coleridge, »The Rime of the Ancient Mariner«, 1798

Über die Autorin

Elizabeth von Arnim, eigentlich Mary Annette Beauchamp (1866–1941), war eine weltweit bekannte britisch-australische Schriftstellerin, die zeitweise in Australien, England, Deutschland, der Schweiz, Frankreich und den USA gelebt hat. Ihr Debüt *Elizabeth und ihr Garten*, entstanden während ihres Aufenthalts in Deutschland auf Gut Nassenheide und 1898 unter Pseudonym veröffentlicht, war ein unmittelbarer Erfolg und wird bis heute begeistert gelesen.

Über die Übersetzerin

Sofia Blind, geboren 1964 in Tübingen, lebt als Übersetzerin, Autorin und Gärtnerin im Lahntal. Sie übersetzt Bücher zu Kunst und Natur, Gärten und Kulinarik; als Autorin sind von ihr erschienen: *Wörter, die es nicht auf Hochdeutsch gibt*, illustriert von Nikolaus Heidelbach (2019), *Die alten Obstsorten* (2020) und *Historische Rosen* (2023).